Evangelisch in Württemberg Band 2

Evangelisch in Württemberg

Herausgegeben von Ulrich Heckel und Frank Zeeb

Einheit in der Pluralität

50 Jahre Württembergische Evangelische
Arbeitsgemeinschaft für Weltmission (WAW)
1963–2013

Herausgegeben
von Andreas Kümmerle

Bibliografische Information der Deutschen Bibliothek:
Die Deutsche Bibliothek verzeichnet diese Publikation in der Deutschen Nationalbibliografie;
detaillierte bibliografische Daten sind im Internet über http://dnb.ddb.de abrufbar
Copyright © 2015, Evangelische Landeskirche in Württemberg

Erschienen im Verlag und Buchhandlung der Evangelischen Gesellschaft GmbH, Stuttgart,
Augustenstraße 124, 70197 Stuttgart, Telefon 0711 601000, Fax 0711 6010076
www.verlag-eva.de

ISBN 978-3-945369-25-8

Inhaltsverzeichnis

Grußworte

Grußwort von der Evangelischen Landeskirche in Württemberg

Die Württembergische Evangelische Arbeitsgemeinschaft für Weltmission (WAW) ist ein unentbehrlicher Bereich kirchlicher Arbeit. Das Evangelium drängt uns dazu, es weiterzuerzählen und weiterzugeben, mit „Herzen, Mund und Händen", wie es in dem Choral „Nun danket alle Gott" heißt. Die WAW trägt ihren Teil dazu bei, Gott zu loben und seinen Namen in die Welt zu tragen. Mit dem Glauben im Herzen, dem Mund zur Verkündigung und den Händen zur tatkräftigen Hilfe. Werke verschiedener Tradition und Herkunft wollen diesen Dienst in unserer Landeskirche tun.

Nun ist die Arbeit der WAW in diesem zweiten Band der Publikationsreihe schriftlich dokumentiert – in Vergangenheit, Gegenwart und Zukunft. Unter dem Titel „Pluralität in der Einheit" präsentiert sich die ganze Breite missionarischen Wirkens. Trotz aller Vielfalt der Arbeitsbereiche und der verschiedenen Gaben geht die Einheit nicht verloren. Jesus Christus ist die Mitte, von der das Evangelium in alle Welt getragen wird – mit Herzen, Mund und Händen.

„… im höchsten Himmelsthrone, ihm, dem dreiein'gen Gott, wie es im Anfang war und ist und bleiben wird, so jetzt und immerdar."

Möge die Arbeitsgemeinschaft viele weitere Jahre aus der lebendigen Quelle des Glaubens an Jesus Christus schöpfen.

Dr. h.c. Frank Otfried July
Landesbischof

Grußwort vom Herausgeber des Bandes

Wie kommt es, dass im Raum der württembergischen Landeskirche über 40 freie und kirchliche Missionswerke in einer Arbeitsgemeinschaft zusammenarbeiten?

Was motiviert evangelikale Organisationen und liberale Werke, sich regelmäßig zusammenzusetzen, um weltmissionarische Themen zu reflektieren? Wer hat in den letzten Jahrzehnten das Landesmissionsfest geprägt und mitorganisiert? Wer ist mitverantwortlich, dass es seit vielen Jahren ein Projektheft für Weltmission gibt, das Gemeinden die Möglichkeit gibt, Missionsprojekte selbst zu bestimmen und direkte Kontakte zu den Organisationen zu knüpfen? Wer organisiert regelmäßig Veranstaltungen, in denen Kirchenfunktionäre mit „Grasroot-Spezialisten" an einem Tisch sitzen, um sich gemeinsam über die Weltmission in unserer Kirche Gedanken zu machen? Wie kann dieses Netzwerk so viele Kontakte zu Kirchen und Organisationen in sämtlichen Kontinenten aufrechterhalten? Wie ist es möglich, eine Arbeitsgemeinschaft mit über 40 Werken am Leben zu halten, die mit einem Jahresbudget auskommt, das dem monatlichen Einkommen eines kirchlichen Beamten gleicht? Wer gehört eigentlich zur WAW dazu? Anlässlich des 50-jährigen Bestehens der WAW wollen wir Antworten auf diese Fragen geben.

Im ersten Teil des Buches widmen wir uns der Geschichte der WAW. Dank dem landeskirchlichen Archiv können wir die *Herkunft* der WAW gut rekonstruieren. Doch wir wollen nicht in der Vergangenheit stecken bleiben.

Im zweiten Teil des Buches geben wir *Auskunft* über den gegenwärtigen Stand der WAW. Typisch für die WAW ist, dass die Mitglieder auch selbst zu Wort kommen.

Im dritten Teil des Buches geht es um die *Zukunft* der WAW. Baustellen und Schwerpunkte werden benannt, die die WAW in den kommenden Jahren beschäftigen werden.

Mit diesem Buch will die Evangelische Landeskirche in Württemberg allen danken, die in den letzten 50 Jahren ihren Teil dazu beigetragen haben, dass die WAW in vielen Bereichen der Landeskirche präsent sein konnte.

Die Geschichte der WAW ist auch eine Geschichte mit herben Enttäuschungen, unerledigten Aufgaben und missverstandenen Aktionen. Die Suche nach der Einheit in Jesus Christus war es, die die Mitglieder in ihrer Unterschiedlichkeit immer wieder zusammengeführt und ihnen Mut zum Weitermachen gegeben hat.

Unserem Herrn sei Dank, dass die Mitgliedsorganisationen in all ihrer Pluralität in Ihm immer wieder eine gemeinsame Identität finden konnten, die zur Einheit führt.

Kirchenrat Dr. Andreas Kümmerle
Geschäftsführer der WAW

WAW | Württembergische Evangelische
Arbeitsgemeinschaft für Weltmission
Evangelische Landeskirche in Württemberg

www.waw-online.de

Grußwort vom Evangelischen Missionswerk in Deutschland (EMW)

Fünfzig Jahre – ein halbes Jahrhundert, ein Mensch ist damit heute in den besten Jahren. Er oder sie gilt nicht als alt, sondern wird aufgrund der gewachsenen Kompetenz geschätzt, durch die und an denen er oder sie gereift und seiner Rolle gewisser geworden ist.

50 Jahre WAW: ein Moment zum Innehalten, zum Heben der Schätze und zum kritischen Rückblick auf bewegte Jahrzehnte – und zum Schmieden von Plänen für die Zukunft. 50 Jahre – wir beglückwünschen die WAW und wünschen Gottes Segen für die kommenden Jahre.

WAW und EMW verbindet eine gemeinsame Herkunft aus der Geschichte der Missionsbewegung in Deutschland, und bei aller unterschiedlichen Prägung und verschiedenen Aufgabenbereichen gibt es auch heute noch Überlappungen hinsichtlich der Mitgliedschaft in beiden Gemeinschaften. Dankbar haben wir anlässlich des Kongresses „MissionRespekt – Christliches Zeugnis in einer multireligiösen Welt" im August dieses Jahres erleben dürfen, dass vieles, was vor allem in den 1970er- und 1980er-Jahren zu einer Polarisierung zwischen sogenannten „Ökumenikern" und „Evangelikalen" geführt hat, hinter einem erneuerten Verständnis von Mission zurückgetreten ist. Fragen in den Spannungsfeldern von Zeugnis und Dialog, von Heilung und Heil der Welt, von Evangelisation und Einsatz für Gerechtigkeit, Frieden und Bewahrung der Schöpfung werden im Einzelnen unterschiedlich beantwortet, doch es verbindet, dass sich Mitglieder der WAW wie des EMW dem ganzheitlichen missionarischen Dienst im weltweiten Horizont verpflichtet sehen.

Immer deutlicher wird bewusst, dass sich unser Verständnis von Mission und Evangelisation in einer Welt bewähren muss, die sich nachhaltig und zum Teil dramatisch im Unterschied zu den Zeiten verändert hat, in denen die WAW gegründet wurde. Das Hören auf die Partner und die gemeinsame Suche nach einem dem jeweiligen Kontext angemessenen Zeugnis sind integraler Bestandteil des Missionsverständnisses heute. Vieles davon tritt uns als Stimmen aus der weltweiten Christenheit in der Missionserklärung „Gemeinsam für das Leben" (ÖRK, 2013) entgegen, und Perspektiven wie „Mission von überall nach überall" fordern heraus, das eigene Verständnis und die eigene Praxis von Mission vor Ort und im Gespräch mit den Partnern auf den anderen Kontinenten zu durchdenken.

Darin weiter gemeinsam auf dem Weg zu bleiben, neugierig und offen für die Bereicherung durch die Begegnung mit anderen, engagiert und kritisch die Geister zu unterscheiden „um Gottes Willen und der Welt zuliebe": das wünschen wir der WAW und ihren Partnern für die kommenden Jahrzehnte.

Christoph Anders   Pfr. Dr. Michael Biehl
Direktor des EMW   Referatsleitung

Grußwort der Arbeitsgemeinschaft Ev. Missionen (AEM)

Im Namen der Arbeitsgemeinschaft Evangelikaler Missionen (AEM) gratulieren wir der Württembergischen Evang. Arbeitsgemeinschaft für Weltmission (WAW) zum 50-jährigen Bestehen.

In weiser Voraussicht hat der Landeskirchentag vor über 50 Jahren diese Arbeitsgemeinschaft gegründet, die über die vielen Jahre zu einer Begegnungsplattform für Missionswerke in ihren unterschiedlichen theologischen Ausprägungen geworden ist. Die WAW hat neben den Gesprächsforen auch in ganz praktischer Weise durch Landesmissionsfeste und Missionsopfer die Zusammenarbeit gefördert. Die Vielfalt der WAW drückt sich dabei durch die gerade in den letzten Jahren hinzugekommenen Missionswerke aus.

Als AEM mit Sitz in Württemberg sind wir dankbar für die vielen Begegnungen und Vernetzungen im Rahmen der WAW. Die in diesem Jahr in Deutschland durchgeführte Konferenz „Mission – Respekt" ist sicher ein Ausdruck der fruchtbaren Diskussionen, die zu dem Verhaltenskodex „Christliches Zeugnis in einer multireligiösen Welt" geführt haben.

Wir wünschen der WAW für die Zukunft weiterhin ein innovatives Engagement, auf dass sie ihren Beitrag zur Weltmission in einer sich rasant verändernden Welt leisten kann.

Wolfgang Büsing
AEM Geschäftsführung

Herkunft der WAW – 50 Jahre Württembergische Evangelische Arbeitsgemeinschaft für Weltmission (WAW)

Die Jahre 1963–2000

„Wir leben heute wirklich in einer großartigen Zeit, in einer Zeit, die voll von Problemen ist, die aber auch ungeheure Möglichkeiten in sich birgt. Man wird manchmal, wenn man diese Zeit ein klein wenig in den Griff zu bekommen versucht, an das Wort von der Fülle der Zeit erinnert. Allerdings wird nun in dieser Zeit dem Christentum sehr wenig zugeschrieben." [1] So beginnt Prof. Georg F. Vicedom, Neuendettelsau, beim 6. Württembergischen Evangelischen Landeskirchentag im Oktober 1962 seinen Vortrag zum Thema: „Landeskirchen und Missionsgesellschaften auf dem Weg zueinander". Vicedom verweist dabei auf einen damals erschienen Artikel in der „Rheinischen Post" mit dem Titel: „Hat das Christentum noch Chancen?", in dem abgewogen worden sei, ob es im Zeitalter des Pluralismus und der kommenden „Einheitskultur der Menschheit" nicht an der Zeit wäre, den Anspruch der Kirche auf Mission aufzugeben.

Dieser im Herbst 1962 durchgeführte Landeskirchentag – die damalige Landessynode – stand hingegen im Zeichen des Aufbruchs,

---

[1] In „Kirche und Mission". Vorträge im 6. Württ. Evang. Landeskirchentag bei der Tagung vom 14. bis 17. Oktober 1962; herausgegeben vom Evangelischen Oberkirchenrat in Stuttgart, Klett Verlag, 1963, S. 95.

hatte man doch erkannt und bejaht, dass Mission zum Wesen der Kirche gehört und daher der Missionsauftrag in unserer Zeit nur in der Gemeinsamkeit der ganzen Kirche und ihrer Glieder geschehen kann.

Da Mission nicht eine der Kirche aufgebürdete zusätzliche Last sei, die man an einige Spezialisten abtreten könne, stünden nicht mehr nur die Missionsgesellschaften als freie Werke in der Pflicht, sondern auch die gesamte Kirche und ihre Glieder. Der Landeskirchentag, der Oberkirchenrat und die in Württemberg ansässigen Missionswerke stellten sich daher der Frage, wie das Miteinander von Kirche und Mission im 20. Jahrhundert neu gestaltet werden kann.

In sechs Referaten gab man sich Rechenschaft über den Anteil Württembergs an der Weltmission und die gegenwärtigen Entwicklungen, sowohl in der Heimat als auch in den durch die Mission entstandenen und zum Teil bereits selbstständig gewordenen jungen Kirchen Asiens, Afrikas und Südamerikas. Man würdigte auf diesem Landeskirchentag die Arbeit der hier beheimateten Missionsgesellschaften und die durch sie entsandten Missionare wie auch die Treue der Missionsfreundeskreise, die durch freiwillige Opfer die Mission großzügig und opferbereit unterstützt haben. Dabei war man sich durchaus der lebendigen Tradition württembergischer Missionsverbundenheit bewusst.

Bereits am 23. September 1715 gab es für die Kirchengemeinden in Württemberg einen herzoglichen Erlass, der zum Inhalt hatte, dass zum Erscheinungsfest eine „freiwillige Kollekte" für die „Ausbreitung des Evangeliums unter den Heiden" in Ost-Indien aus allen evangelischen Kirchengemeinden Württembergs zu erheben sei.[2]

Seit dem Jahre 1900 gab es durch die „Württembergische Missionskonferenz" eine Gesprächs- und Begegnungsplattform der Missionsgesellschaften im Raum unserer Landeskirche. Im Jahre 1957 wurden der württembergischen Kirchenleitung zwei Memoranden zur Frage der Integration von Mission und Kirche in Württemberg vorgelegt. Die Württ. Missionskonferenz bat, dass die Kirche eine „Kammer für Mission und Ökumene" bilden möge. Da der Begriff „Kammer" nach allgemeinem Verständnis für Institutionen der sogenannten verfassten Kirche gebraucht wurde, war es fraglich, ob mit diesem Begriff die freien Missionsgesellschaften abgeschreckt würden, galt doch in vielen Missionskreisen die Haltung: „In der Kirche, womöglich mit der Kirche, aber nicht unter der Kirche."

Das zweite Memorandum kam vom Deutschen Zweig der Basler Mission. Darin wurde die Bitte geäußert, die Kirche möge „im Missionsauftrag ihre eigene Aufgabe bejahen und von der Introvertiertheit eines großen Teils der Gemeinden und Amtsträger durchbrechen zu einer missionarischen Existenz der Kirche."[3] Es wurde vorgeschlagen, dass die missionarische Dimension der Kirche in der Verkündigung, im Gottesdienst, im Religionsunterricht und in

---

[2] Erlass des „Von Gottes Gnaden Eberhard Ludwig, Herzog von Württemberg und Teck", vom 23. September 1715, mit einer von Samuel Urlsberger, Konsistorialrat und Hofprediger verfassten und auf den Kanzeln zu verlesenden historischen Nachricht über die Mission in Ost-Indien, Landeskirchliches Archiv, Bestand A29/4386.
[3] Vortrag über „15 Jahre Württ. Evang. Arbeitsgemeinschaft für Weltmission." von Präsident D. Dr. Rudolf Weeber auf der WAW-Versammlung am 18. August 1978 in Buhlbronn

allen Gemeindekreisen stärker zum Tragen komme, auch solle die
Fürbitte für die Mission im Kirchengebet verankert werden. Empfohlen wurde, Missionsbeauftragte auf Dekanatsebene einzusetzen,
ferner auf eine stärkere Bewusstseinsbildung und Sensibilisierung
der Pfarrerschaft für die Weltmission in der Ausbildung und Pfar-
rerfortbildung der Landeskirche hinzuwirken. Auch wurde gebeten,
bei Visitationen, im Pfarrseminar und im Pastoralkolleg sowie in
der Ausbildung von Theologen, das Thema Mission und Ökumene
verpflichtend aufzugreifen.

Nach Gesprächen der Kirchenleitung mit den einzelnen Missi-
onsgesellschaften wurde im März 1958 der Beschluss gefasst, eine
„Kommission für Kirche und Mission" zu bilden. Der damalige
Vorsitzende der Missionskonferenz, Dekan Rudolf Brezger, Schorn-
dorf, lud zur konstituierenden Sitzung der Kommission am 21.
April 1958 ein. Man tagte in Tübingen, im Haus des Jungen Man-
nes. Anwesend waren Vertreter der Basler Mission Deutscher
Zweig, die Herrnhuter Mission, die Ärztliche Mission, die Ostasien
Mission, das Syrische Waisenhaus, die Karmelmission und die Lie-
benzeller Mission, die ab 1962 bat, einen Gaststatus zu erhalten;
Vize-Präsident Dr. Rudolf Weeber (1906–1988) vertrat den Oberkirchenrat. Anwesend war auch der damalige Inhaber des missi-
onswissenschaftlichen Lehrstuhls in Tübingen, Professor Gerhard
Rosenkranz.[4]

Die ersten Sitzungen dienten wesentlich dem gegenseitigen
Kennenlernen, was zu einer Bereitschaft aller Beteiligten zu engerer

---

[4] Ibid.

Zusammenarbeit führte. In den Kirchenbezirken wurden Pfarrer als Missionsbeauftragte bestellt, für diese wurde ein jährlicher Studientag eingeführt. Auch wurde angestrebt, dass bei Bezirksmissionsfesten die Gemeinsamkeit des Missionsauftrags zum Ausdruck kommt.

Ein Redaktionskomitee für ein gemeinsames Informationsheft „Sende mich" wurde für Epiphanias berufen. Neben dem traditionellen landeskirchlichen Opfer zu Epiphanias, das nach einem Schlüssel neu verteilt wurde, stellte die Landeskirche im Laufe der Jahre auch Mittel und Zuschüsse für notwendige Projekte der Missionsgesellschaften zur Verfügung. Bei allem Wagen neuer Kooperation zur Förderung der Weltmission wurde darauf geachtet, dass bereits bestehende Unterstützerstrukturen bewahrt blieben. Im Protokoll der Sitzung vom 20. November 1961 ist zu lesen: *„Es soll das bisher von den Missionsgesellschaften Geleistete erhalten und ausgedehnt werden und nichts durch institutionelle Organisationen überwältigt werden."*

Die Arbeit der Kommission zielte darauf ab, der gesamten Landeskirche darin zu helfen, die „missionarische Ausrichtung ihres ganzen Zeugnisses und Dienstes" wiederzugewinnen.[5] Die Verpflichtung, Trennendes in Kirche und Mission zusammenzuführen, war das Anliegen allen ökumenischen Bemühens.

So hatte auch Bischof Newbigin in Neu Delhi auf die Erklärung des Ökumenischen Rates der Kirchen aus dem Jahre 1951 hingewiesen: *„Die Verpflichtung, das Evangelium in die ganze Welt zu*

---

[5] Ibid.

tragen, und die Verpflichtung, alle Christen zusammenzuführen, sind in Christi Werk begründet und unlöslich miteinander verbunden."[6]

Es war daher auch diese „Kommission für Kirche und Mission", zusammen mit der Kirchenleitung, die wesentlich den Landeskirchentag im Oktober vorbereitete und die Referenten einlud. Prälat D. Wolfgang Metzger referierte über *„Der Anteil Württembergs an der Weltmission".* Dekan Rudolf Brezger sprach über *„Die Arbeit der Kirche und Kommission für Kirche und Mission 1957 bis 1962".* Neben Alfred Dilger, vom Deutschen Zweig der Basler Mission, zum Thema *„Unsere Mitverantwortung für den weltweiten Sendungsauftrag"* sprach auch Missionsinspektor Hermann Witschi aus Basel über *„Der Kampf des Evangeliums um die Welt".* Nach ausführlichen Beratungen fasste der Landeskirchentag am 17. Oktober 1962 folgende Entschließung (hier auszugsweise wiedergegeben):[7]

In Neu-Delhi (1961) haben sich der Ökumenische Rat der Kirchen und der Internationale Missionsrat vereinigt. Damit ist auch der Württembergischen Landeskirche eine Aufgabe gestellt; deshalb hat sich der Landeskirchentag in seiner Herbsttagung 1962 dem Thema „Kirche und Mission" zugewandt.

Der Landeskirchentag ist dankbar, dass bis heute in unseren Gemeinden Missionsfreunde treu und stellvertretend für die ganze Gemeinde Verantwortung für die Weltmission in Gebet, Opfer und persönlichem Dienst getragen haben. Ebenso dankt der Landeskirchentag den Missionsgesellschaften für das Wagnis des Glaubens, mit

---

[6] A. a. O., S. 27 ff.
[7] A. a. O., S. 139 ff.

dem sie dem weltweiten Missionsauftrag Jesu unter den Völkern Gestalt gegeben haben.

Wir haben mit Freude davon Kenntnis genommen, dass in der „Kommission für Kirche und Mission" schon seit vier Jahren die sieben der Landeskirche verbundenen Missionsgesellschaften mit der Kirchenleitung zusammenarbeiten (Basler Mission, Herrnhuter Mission, Ärztliche Mission, Karmelmission, Ostasienmission, Syrisches Waisenhaus und – als Gast – Liebenzeller Mission).

I. Wir erkennen neu, dass die Mission Lebensfunktion der ganzen Kirche ist. Um dieser Verpflichtung nachzukommen, empfehlen wir:

1. Die Kommission möge ihre Arbeit als „Württembergische Evangelische Arbeitsgemeinschaft für Weltmission" fortsetzen, um die Gesamtheit im missionarischen Dienst zum Ausdruck zu bringen. Die Kirchenleitung wird gebeten, sich des Rats der Arbeitsgemeinschaft in Fragen der Weltmission zu bedienen und nach Möglichkeit dafür zu sorgen, dass Vorschläge der Arbeitsgemeinschaft verwirklicht werden, die der Förderung der Weltmission in der Heimat und in Übersee dienen.

2. Die Arbeitsgemeinschaft sollte darauf achten, dass unter ihren Mitgliedern auch Abgeordnete des Landeskirchentags sind. Außerdem sollte sie sich durch je einen Vertreter des Diakonischen Werkes der Landeskirche und des Evangelischen Gemeindedienstes erweitern.

3. Im Blick auf die vielfältigen Aufgaben der Arbeitsgemeinschaft möge ein Theologe hauptberuflich als ihr Geschäftsführer angestellt werden.

4. Die Zusammenarbeit von Kirche und Missionsgesellschaften möge ausgedehnt werden auf den Bereich der fünf südwestdeutschen Landeskirchen (Baden, Hessen und Nassau, Kurhessen-Waldeck, Pfalz und Württemberg) und der Evangelischen Kirche in Deutschland.

II. Soll die ganze Gemeinde in die missionarische Verantwortung mit eintreten, so darf der Sendungsauftrag nicht nur gelegentlich in ihr Blickfeld kommen, sondern muss ständig in Predigt, Liturgie, Unterweisung und Seelsorge gegenwärtig sein. Dazu wird empfohlen:

1. Die Arbeitsgemeinschaft möge Sorge tragen für eine stetige und umfassende Information der Gemeinden, Werke und Einrichtungen über das Leben der Kirche in der Völkerwelt (Schrifttum, Presse, Funk, Tonband, Fernsehen, Film).

Wir bitten die Verantwortlichen in den Gemeinden, Kirchenbezirken und Werken, einzelne Männer oder Frauen mit einer regelmäßigen Berichterstattung zu beauftragen.

2. Geeignete Hilfsmittel für diesen Dienst in Gemeinde und Schule mögen zur Verfügung gestellt werden. Wir nennen darunter besonders die Handreichung „Die Mission im Gottesdienst" und die Weltmissionskarte.

Ferner werden die Begegnung und Hilfe für ausländische Studenten in Deutschland und die Vorbereitung säkularer Fachkräfte nach Übersee angesprochen, wie auch Kirchenbezirkstage auf Vorschlag des beauftragten Bezirkspfarrers, der in seinem Bezirk aus den einzelnen Gemeinden einen Ausschuss für Mission bilden soll.

Die Entschließungen unter III. und IV. erläutern außerdem: *„Die Dienstverhältnisse derer, die Dienste bei den Kirchen in Asien und*

Afrika übernehmen, mögen so geregelt werden, dass ihre bleibende Verbundenheit mit der Heimatkirche auch rechtlich ihren zutreffenden Ausdruck findet." Außerdem wird festgehalten, dass neben den Spenden und freiwilligen Opfern der Kirchengemeinden auch ergänzend Haushaltsmittel eingesetzt werden können, *„nötigenfalls auch unter Einsparung bei eigenen Ausgaben der Kirchengemeinden."* Ferner wird die Absicht angekündigt, *„in Abstimmung mit den anderen südwestdeutschen Landeskirchen den Missionsgesellschaften durch Beiträge aus Haushaltsmitteln der Landeskirche Erleichterung bei den Kosten ihres Heimatdienstes zu verschaffen, damit die Gaben, Spenden und Opfermittel in höherem Maß für den missionarischen Dienst in Übersee frei werden."*[8]

Die erste Sitzung der neu konstituierten Württembergischen Evangelischen Arbeitsgemeinschaft für Weltmission (WAW) fand am 24. Januar 1963 in den Räumlichkeiten des Evangelischen Oberkirchenrats statt. Man berief Pfarrer Walter Günther, Königsfeld, zum ersten Geschäftsführer der WAW. Die in den ersten Sitzungen erarbeiteten Richtlinien wurden am 10. September 1964 im Amtsblatt der Evangelischen Landeskirche in Württemberg veröffentlicht. Sie standen im Zusammenhang der Neuordnung von Kirche und Mission im Gesamtbereich der Evangelischen Kirche in Deutschland (EKD).

Vizepräsident Dr. Rudolf Weeber bemerkt in dieser offiziellen Bekanntmachung des Oberkirchenrats: *„Da die Übernahme der*

---

[8] Auszüge aus der Entschließung des Landeskirchentages zum Thema „Kirche und Mission" vom 17. Oktober 1962 in „Kirche und Mission", a.a.O., S. 139–143.

Verantwortung für die Weltmission durch die Landeskirche und ihre Gemeinden nicht zuerst eine Sache der Organisation, sondern der Verkündigung und des geistlichen Wachstums in den Gemeinden ist, wurde auf allen drei Ebenen die Form der Arbeitsgemeinschaft gewählt in deren Rahmen die möglichen und notwendigen Hilfen für die gemeinsame Wahrnehmung des Missionsauftrags durch die Landeskirchen und Missionsgesellschaften gegeben werden können." [9]

Gemeint waren mit den *„drei Ebenen"*

a) die auf EKD-Ebene gegründete Evangelische Arbeitsgemeinschaft für Weltmission, eine Kooperation zwischen dem Deutschen Evang. Missionsrat und -tag und der EKD, was später auch die Gründung des Evang. Missionswerk (EMW) in Hamburg hervorrief;

b) die sich anbahnende Kooperation der Kirchen und Missionen im südwestdeutschen Raum, was am 28. Januar 1972 zur Gründung des „Evangelischen Missionswerk in Südwestdeutschland" (EMS; heute: Evangelische Mission in Solidarität) führte;

c) die in der WAW verankerte Zusammenarbeit von Kirche und Mission in Württemberg. Durch die Gründung des EMS verlor die WAW ihren vollzeitlichen Geschäftsführer, da dieser in das EMS überwechselte. Fortan wurde der Fachreferent für Mission im Evang. Oberkirchenrat mit der Geschäftsführung der WAW betraut. Bis 1975 war die Geschäftsführung kommissarisch bei verschiedenen Mitarbeitern des OKR und des gegründeten Dienstes für Mission

---

[9] Amtsblatt der Evangelischen Landeskirche in Württemberg, Bd. 41 Nr. 13 vom 10. September 1964, Seite 159 ff.

und Ökumene angesiedelt. Von 1975 bis 1981 waren KR Hansgeorg Kraft, von 1981 bis 1984 dann Pfr. Otto Dilger und von 1984 bis zu seinem Ruhestand im Dezember 2003 KR Albrecht Hauser, mit der WAW-Geschäftsführung betraut.

Die bereits am 6. April 1964 beschlossenen Richtlinien der WAW nennen folgende Werke, die zur Arbeitsgemeinschaft gehören:

Evang. Landeskirche in Württemberg – Stuttgart

Basler Mission, Deutscher Zweig – Stuttgart

Herrnhuter Missionshilfe – Bad Boll

Deutsches Institut für ärztliche Mission – Tübingen

Syrisches Waisenhaus – Köln-Dellbeck

Deutsche Ostasienmission – Stuttgart

Evang. Karmelmission – Schorndorf

Liebenzeller Mission – Bad Liebenzell (Gast)

der Inhaber des Lehrstuhls für Missionswissenschaft in der Evang.-theol. Fakultät der Universität Tübingen

der Evang. Gemeindedienst – Stuttgart

das Evang. Jugendwerk – Stuttgart

die Württ. Bibelanstalt – Stuttgart

der Evang. Missionsverlag – Stuttgart

Bereits im ersten Jahr der WAW wurde das seit Jahren durchgeführte Epiphaniasopfer neu geregelt und die hierfür herausgebrachten Informations- und Arbeitsmaterialien koordiniert. Ebenfalls 1963 wurde ein Opfer für Weltmission beraten, mit einem Richtwert von 30 Pfennig pro Gemeindeglied. Nach 1972 mündete dies ins jährlich zusammengestellte Aufgabenheft „Opfer für Weltmission" ein, welches im Laufe der Jahre bis auf 99 Projekte anwuchs. Bei der

Erstellung des Aufgabenheftes und der gesamten logistischen Abwicklung der Arbeit, auch im Durchführen von Missionsstudientagungen und der Landesmissionsfeste, hat Diakon Fritz Lamparter, der von 1972 bis 1994 im Referat für Mission und Ökumene tätig war, sich in größter Treue dafür eingesetzt, dass sich die WAW kontinuierlich weiterentwickeln konnte.

Das für alle Kirchengemeinden verpflichtende Opfer für Weltmission gab den einzelnen Kirchengemeinden die Möglichkeit, eines der Projekte im Aufgabenheft auszuwählen. Die breit gefächerte Vielfalt der Projekte der in Württemberg tätigen Missionsgesellschaften und Werke half mit, das ganze Spektrum der Mission zu verdeutlichen und ein gedeihliches Miteinander zwischen freien Trägern der Mission und der Landeskirche zu fördern. Durch zusätzliche Information über Missionsprojekte konnte der Blick über den eigenen Kirchturm hinaus für das weltweite missionarische Bemühen gefördert werden. Dadurch konnte gesichert werden, dass die freien Werke der Mission in ihrer Tätigkeit nicht nur auf der Ebene der Kirchenleitung wahrgenommen wurden, sondern auch auf kirchengemeindlicher Ebene mit unterstützt werden.

Der Fachreferent für Mission, der zugleich Geschäftsführer der WAW ist, hatte hier von den Anfängen der WAW an immer auch eine wichtige und manchmal sehr zeitraubende Brückenfunktion wahrzunehmen.

In dieser ersten Zeit der WAW gab es auf allen Ebenen Gespräche, wie das Zusammenkommen von Kirche und Mission strukturell am besten gestaltet werden können. Es wurden Weichen gestellt zur Gründung eines Gemeindedienstes für Weltmission in Württemberg, dem heutigen „Dienst für Mission, Ökumene und Entwicklung" (DiMOE). Eingerichtet wurden für diesen Dienst vier Prälaturpfarrer-Stellen, mit 16 weiteren Personen, für jede Prälatur ein Team mit fünf Personen. Dabei wurde bald angestrebt, dass in jeder Prälatur ein Mitarbeiter aus einer Partnerkirche, sogenannte ökumenische Mitarbeiter, in den Dienst der württembergischen Landeskirche gestellt wird. In den 1980er-Jahren wurde hierfür auch eine detaillierte Handreichung auf Englisch erarbeitet, damit die Partnerkirchen genau informiert werden konnten, welches Anforderungsprofil erwartet wird und unter welchen Rahmenbedingungen der ökumenische Mitarbeiter seinen Dienst in Württemberg wahrnimmt. Es wurde ferner darauf geachtet, dass im „Dienst für Mission und Ökumene" in den verschiedenen Teams immer auch geeignete Rückkehrer aus evangelikalen Missionen, welche in Württemberg beheimatet sind, angestellt wurden.

Ebenso wurden in den frühen 1970er-Jahren die rechtlichen Rahmenbedingungen geschaffen und 20 Pfarrstellen im Haushaltsplan der Landeskirche eingestellt, damit Theologen unserer Landeskirche freigestellt werden können für einen Dienst in Kirche und Mission in Übersee.

Im Jahre 1973 kam OKR Walter Arnold in den Evangelischen Oberkirchenrat und übernahm die Leitung des Gesamtreferats für Mission und Ökumene, auch war er für die Öffentlichkeitsarbeit der Landeskirche verantwortlich. Er war ein Mann der Kirche und Mission, mit ökumenischer Weite und hat es verstanden, in seiner Person eine Brücke des Vertrauens zwischen den eher kirchlichökumenisch orientierten und den evangelikalen Missionen zu schlagen. Er sorgte dafür, dass eine vertrauensvolle Zusammenarbeit mit der Landeskirche erhalten blieb. Immer wieder betonte er, dass die Integration von Kirche und Mission ein primär geistliches Anliegen sei und nicht etwa eine strukturelle Vereinnahmung der Missionsgesellschaften durch die Kirche. Es gehe um ein „miteinander Unterwegssein" im Raum des Vorletzten, zum Bau und zur Stärkung der Gemeinde Jesu Christi hier und weltweit. Er betonte daher, dass es nicht viel Sinn mache, seine Kräfte an strukturellen Fragen aufzureiben, sondern es vielmehr darum gehe, funktional und vertrauensvoll zusammen zu wirken, um den Blick aufs Ganze der Weltmission nicht zu verlieren.

In den späten 1960er- und anfangs der 1970er-Jahre gab es in Deutschland eine starke polarisierende Entwicklung zwischen den eher ökumenisch ausgerichteten Missionsgesellschaften und -werken und den eher sich evangelikal verstehenden freien Missionsgesellschaften, die sich nicht in die kirchlichen Strukturen einbinden lassen konnten oder wollten.

Tiefgreifende missionstheologische Divergenzen und Zerwürfnisse führten zur Trennung innerhalb des Deutschen Missionstages und im Jahre 1972 zur Gründung der Arbeitsgemeinschaft Evangelikaler Missionen (AEM). Wesentlich ging es um die Frage der Vorrangigkeit von Heil und/oder Wohl. Auch ging es um die Frage, ob es der Sendung der Kirche in die Welt nicht vorrangig um die Humanisierung der sozialen und politischen Strukturen und um die Solidarisierung mit den Armen gehen solle oder ob nicht nach wie vor die Evangelisation und Verkündigung der Einzigartigkeit

Jesu Christi und die Einladung des Evangeliums die primäre Missionsaufgabe sei.[10]

Wenn auch diese polarisierenden Entwicklungen in Kirche und Mission nicht spurlos an Württemberg vorbeigingen, so konnte durch die WAW doch eine Gesprächs- und Kooperationsebene bewahrt werden. Nicht nur OKR Walter Arnold, sondern auch schon Präsident D. Dr. Rudolf Weeber, der wesentlich zur Gründung der WAW und auch des EMS beitrug und bis 1973 die Kirchenleitung in der WAW vertrat, war es ein Anliegen, dass das Vertrauen zwischen dem Missionswerk (EMS) und den Missionsgesellschaften, die ihm nicht angehören, gestärkt werde und „das biblisch-theologische Gespräch wieder aufzunehmen und zur Basis gegenseitiger Verständigung zu machen" sei.[11]

Dem wurde Rechnung getragen in einem sich regelmäßig treffenden missionstheologischen Arbeitskreis sowie bei den jährlich durchgeführten Missionsstudientagungen und beim thematischen Teil der jährlichen WAW-Versammlung und in der Zusammensetzung des alle drei Jahre neu zu wählenden Ausschusses der WAW. Die

---

[10] Es würde den Rahmen dieser Ausführungen sprengen, auf die Vollversammlung des ÖRK in Uppsala, Schweden, 1968, einzugehen, wo es stark um die Humanisierung und Solidarisierung mit den Armen ging. Auch kann die Lausanner Bewegung für Weltevangelisation nicht näher behandelt werden. Auf ihrem internationalen Treffen im Sommer 1974 wurde die Lausanner Verpflichtung als ein Grundsatzdokument evangelikaler Theologie und ihr Verständnis von Evangelisation und sozialer Verantwortung in der Welt verabschiedet. OKR Walter Arnold hat in Lausanne teilgenommen und dafür gesorgt, dass die Lausanner Verpflichtung ins Deutsche übersetzt wurde.

[11] Nach dem Protokoll der Versammlung der WAW vom 5. November 1973 im Bernhäuser Forst.

Versammlungsorte wurden immer bewusst bei Mitgliedswerken gewählt, um so die Möglichkeit des gegenseitigen Kennenlernens und Vorstellens der jeweils eigenen Arbeit zu ermöglichen.

So ging es z. B. bei der Versammlung der WAW im Jahre 1985 um die Begegnung mit dem Pietismus. Die Versammlung fand auf dem Schönblick statt. Die Andacht hielt Walter Schaal, der Leiter des altpietistischen Gemeinschaftsverbandes. Eines der Hauptreferate hielt Professor G. W. Peters vom Seminar für missionarische Fortbildung der AEM in Korntal zum Thema: „Pietismus und Mission". Ein weiteres Referat hielt Pfarrer Johannes Hasselhorn, der Leiter des Amtes für Missionarische Dienste der Evangelischen Landeskirche in Württemberg, der zum Thema sprach: „Pietismus und Mission unter besonderer Berücksichtigung Württembergs". Es gab einen sehr lebendigen Austausch mit vielen offenen Fragen, wie z. B.

Wie kann das ursprünglich geistliche Anliegen der Integration von Kirche und Mission besser aufgearbeitet werden?

Wie wird aus Mission Kirche? Ist diese Fragestellung uns nicht heute dringlicher denn je als gemeinsam zu lösende Aufgabe gestellt?

Verkürzt ein zum Teil auch falsch verstandenes Erbe des Pietismus nicht das politische und sozialethische Mandat des Evangeliums?

Hat der Pietismus die Frage nach Evangelium und Kultur und das Einheimischwerden der Kirche genügend durchdacht?

Hat der württembergische Pietismus nicht zu früh das Gespräch mit den Missionswerken abgebrochen, und sollten diese Gespräche um der gemeinsam gestellten Aufgaben in Kirche und Mission willen auf allen Ebenen neu gesucht werden?

Im Protokoll dieser Versammlung steht dann: „Die Referenten gehen auf die Fragen ein und zeigen anschließend, dass polarisierende Ansichten nicht notwendigerweise unvereinbare Gegensätze sein müssen, wenn sie im Vertrauen zum Herrn der Mission zur ergänzenden Einsicht und Lernfähigkeit führen. Dem Pietismus gehe es um die Erweckung und das Bewusstwerden der Wirklichkeit, wo der Mensch heute lebt. Daher bewirke Erweckung immer Umkehr zum Herrn und zum Bruder und auch Hinkehr zur Welt, der wir die Botschaft Jesu Christi schuldig sind.“[12]*

Die WAW wollte eine breite Kooperations- und Vertrauensbasis der in Württemberg beheimateten bzw. tätigen missionarischen Gruppen und Werken schaffen und ein Forum des Austausches sein. Für die Aufnahme neuer Mitglieder galt es daher, Richtlinien zu erarbeiten, die im Laufe der Jahre immer wieder präzisiert wurden. Man kennt ordentliche und außerordentliche Mitglieder. Für eine ordentliche Mitgliedschaft ist der Sitz des Antragstellers im Bereich der Evangelischen Landeskirche in Württemberg Voraussetzung, für eine außerordentliche Mitgliedschaft ein Schwerpunkt der Arbeit des Antragstellers im Bereich der Evangelischen Landeskirche in Württemberg.

Der Prozess und die Voraussetzungen einer Mitgliedschaft und Antragstellung wurden klar geregelt und ein Fragenkatalog zusammengestellt, sowie die Kriterien in Gesprächen mit dem Geschäftsführer und im Ausschuss erläutert und erörtert. Es wurde versucht,

---

[12] Auszugsweise aus dem Protokoll der Sitzung der Versammlung am 4. März 1985 auf dem Schönblick bei Schwäbisch Gmünd.

offene Fragen immer schon im Vorfeld zu klären, da die Aufnahme neuer Mitglieder in der Versammlung entschieden wurde, vorausgesetzt, dass kein Mitglied der Arbeitsgemeinschaft widersprach.

Enthaltungen waren natürlich immer möglich, standen dann aber einer Mitgliedschaft nicht im Wege und waren ohnehin selten. Um ohne Zeitdruck eine konstruktive Kooperation zu erzielen, wurden daher die in Württemberg ansässigen Missionen, die an einer Zusammenarbeit interessiert waren, als Gäste bei der Versammlung immer willkommen geheißen.[13]

In den 1973 überarbeiten Richtlinien der WAW, die im Laufe der Jahre wegen der wachsenden Mitgliederzahl immer wieder neu im Amtsblatt aktualisiert werden mussten, blieben die bereits 1973 festgeschrieben Arbeitsschwerpunkte konstant:

„Zu den Aufgaben der Arbeitsgemeinschaft gehört:
  a) die missionarische Ausrichtung der kirchlichen Arbeit im Bereich der Landeskirche zu fördern,
  b) die Bereitschaft und Liebe zur Mission in den Gemeinden zu wecken und zu erhalten, die Verbindung mit den Missionsfreundeskreisen und Gemeinschaften zu pflegen und diese an ihrer gesamten Arbeit zu beteiligen,
  c) mit missionarisch tätigen Gruppen in ihrem Bereich, die ihr nicht angehören, Verbindung zu halten und Absprachen über eine Zusammenarbeit zu treffen,

---

[13] Kriterien für die Aufnahme neuer Mitglieder in die WAW, Stand 26. November 2001.

d) an den vom Evang. Missionswerk in Südwestdeutschland wahr-
genommenen Gemeinschaftsaufgaben mitzuarbeiten (vgl. § 2
der Satzung des Missionswerks, ABl. Bd. 45 S. 138),
e) mit vorhandenen Kommunikationsträgern zusammenzu-
arbeiten." [14]

Um diesen Prozess zu fördern, wurden jährlich zwei zweieinhalb-
tägige Missionsstudientagungen angeboten (freitags bis sonntags
und montags bis mittwochs), mit dem Ziel, Bezirksbeauftragte, Missionsinteressierte in den Kirchengemeinderäten und Verantwor-
tungsträgern und Freunden der WAW und der Missionsgesellschaften
ein Forum zu gewähren. Namhafte Persönlichkeiten konnten über
die Jahre als Referenten gewonnen werden, wie z. B. Bischof Lesslie
Newbigin, Dr. Kwame Bediako, Vinay Samuel, Rene Padilla, Bischof
Michael Nazir Ali, Prof. Werner Gensichen, Bischof Mortimer Arias,
Prof. Lamin Sannah usw. Dies wurde möglich, da unsere Landeskirche für eine Reihe internationaler Tagungen der Gastgeber war
oder Mitarbeitende aus dem Referat für Weltmission auf internationalen Tagungen Referenten kennenlernten. Bei den Missionsstudientagungen ging es uns darum, differenzierte und authentische
Information, Problembewusstsein, ökumenisches und missionstheo-
logisches Lernen und Horizonterweiterung zu vermitteln. Ziel der
Missionsstudientagung war es aber nicht, die Probleme der Welt zu
lösen, sondern eher, ein geschärftes Verständnis für die Kirche Jesu

---

[14] Amtsblatt der Evangelischen Landeskirche in Württemberg, Bd.45 Nr. 33 vom 4. Oktober 1973, S. 512.

Christi in verschiedensten Kontexten zu wecken. Dabei war es ein Anliegen, unsere Verbundenheit mit der weltweiten Kirche zu stärken und Impulse zum gelebten Glauben und Zeugnis auch unter uns auszulösen. So war z. B. im Jahre 1986 auf dem Kirchberg das Thema: „Das Verhältnis von Evangelium und Kultur am Beispiel der Kirche in Indien", mit Bischof Lesslie Newbigin, Pfr. Victor Josua aus dem DiMOE und Pfr. Robert Scheuermeier, dem Indienreferenten im EMS. Auf beiden Tagungen waren jeweils ca. 80 Personen anwesend. Im Jahre 1991 war das Thema: „Evangelium und Kultur – eine bleibende Herausforderung von missionstheologischer Aktualität" mit Dr. Kwame Bediako aus Ghana, und 1993 hatten wir Bischof Moses Njue aus Kenia und Dr. Andrew Kyomo aus Tanzania zum Thema: „Karibuni –Evangelium in Ostafrika" zu Gast.

Da der Fachreferent für Mission zugleich der Geschäftsführer der WAW ist, arbeitete er selbstverständlich auch in verschiedenen lokalen und internationalen ökumenischen und evangelikalen Gremien mit und konnte die Impulse aus der Mission in die Arbeit der WAW einfließen lassen. Besonders fruchtbar war in den 1980er- und 1990er-Jahren die Zusammenarbeit mit der Mission und Evangelisationsabteilung des Ökumenischen Rates der Kirchen sowie mit der Lausanner Bewegung, der Weltweiten Evangelischen Allianz und der International Fellowship of Evangelical Mission Theologians (INFEMIT). Es fanden einige weichenstellende internationale Tagungen in Württemberg statt, deren Impulse stark in die Arbeit der WAW miteinflossen. So ermöglichte die württembergische Landeskirche verschiedene internationale Treffen zwischen „Ökumenikern" und „Evangelikalen" in den Jahren 1987 und 1988, deren

Ergebnisse 1989 sowohl in der Weltmissionskonferenz in San Antonio, wie auch in „Lausanne II" in Manila aufgegriffen wurden. Zu erwähnen wären auch verschiedene Tagungen mit christlichen Vertretern aus islamischen Ländern und die im Jahre 1993 für die Synode erstellte Studie zur Situation der Christen in islamischen Ländern, ebenso eine 1994 durchgeführte internationale theologische Konsultation in Bad Urach mit dem Thema: „Das Evangelium in unserer pluralistischen Gesellschaft", bei der unter anderem auch Bischof Lesslie Newbigin mitwirkte. Dies war eine Konsultation, die wir zusammen mit dem Evangelischen Missionswerk in Hamburg durchführten.

Der anglikanische Pfarrer Moses Njue war von 1985 – 1989 im DiMOE unserer Landeskirche, in der Prälatur Reutlingen, tätig. Nach seiner Rückkehr nach Kenia wurde er Bischof der Diözese Embu. Als Bischof Moses Njue 1993 wieder zu Besuch in Württemberg war, wurde er bei dieser Missionsstudientagung gefragt, wie er denn über die Mission denke, angesichts der vielen Fehler, die gemacht worden seien. Bischof Njue stand auf, schaute ernst in die Runde und fragte: *„Bin ich etwa ein Fehler? Sollte ich etwa nicht Christ sein? Wir haben das Evangelium als befreiende Kraft erfahren und sind dankbar, dass es uns gebracht wurde. Die ‚Väter' der Mission mögen wohl viele Fehler gemacht haben, aber durch ihr Zeugnis sind wir Christen geworden. Wir bleiben daher nicht an ihren Fehlern hängen und denken vielmehr darüber nach, was sie alles auf sich genommen haben, um uns die Frohe Botschaft zu bringen."* Und in die Runde schauend sagte er nachdenklich: *„Die offene Frage ist allerdings, ob wir auch Christen geworden wären durch die Söhne der*

Väter. Jede Generation sollte den Ruf 'Wie der Vater mich gesandt hat, so sende ich euch' ganz neu hören. Auch ihr seid gesandt, um das Evangelium in Deutschland und in aller Welt zu verkündigen. Ich erinnere euch jetzt an euren Auftrag, das Evangelium treu und wahrhaftig allen Menschen zu verkündigen." Im Jahre 1900 gab es in ganz Afrika nahezu 9 Millionen, 1970 ca. 115 Millionen und heute über 380 Millionen Christen. In einer Zeit, in der in Deutschland diskutiert wurde, ob die Mission nicht ein schuldbeladenes Relikt vergangener Zeiten sei, sind also die Kirchen Afrikas enorm gewachsen.

Über einen längeren Zeitraum wurden – durch die WAW angestoßen – Richtlinien für „Partnerschaften zwischen Kirchengemeinden und Kirchenbezirken in Übersee und in Württemberg" erarbeitet. So war das Thema der Missionsstudientagungen 1989: „Einander kennenlernen – Direktpartnerschaften in der Diskussion".

Einzelne Bezirke und Kirchengemeinden berichteten über ihre Erfahrungen, auch kamen die Vertreter der Partnerkirchen zu Wort. Am 27. Juni 1991 verabschiedete die Württ. Evang. Landessynode die von der WAW erarbeiteten Richtlinien. Wichtige Gesichtspunkte sind darin behandelt, die es wert sind, für eine gelingende Partnerschaft berücksichtigt zu werden. Darin ist zu lesen: *„Partnerschaft muss lebendigen Austausch und das gegenseitige Kennenlernen beinhalten ... Dies verlangt die gegenseitige Bereitschaft, den Partner in seiner geschichtlichen, kulturellen, politischen und sozialen Situation zu verstehen und ernst zu nehmen. Es ist ferner zu beachten, in welchen anderen Partnerschaften die überseeische Kirche bereits* *eingebunden ist, damit die größeren Zusammenhänge im Blickfeld bleiben. Auf keinen Fall sollte eine direkte Partnerschaft Verengung oder Einseitigkeit fördern, noch sollte sie das „Steckenpferd" einzelner in der Gemeinde vor Ort werden. Es gilt gerade auch für Partnerschaften, dass durch sie die ökumenische Gemeinschaft vor Ort gefördert wird und wir für das Ganze der Weltmission sensibler werden … In der gegenseitigen Beziehung sollte es eigentlich nicht um Patenschaft oder nur Projektunterstützung gehen, sondern um ein gemeinsames Lernen und gegenseitiges Teilen aller Gaben, die uns von Gott anvertraut sind. Dabei bedarf es auch des Mitleidens und Mittragens in der Fürbitte. Im gottesdienstlichen Leben und Alltag der Gemeinde gilt es, das ökumenische Lernen zu fördern."* [15]

Immer wieder wurde im WAW-Ausschuss und in der WAW-Versammlung die Frage erörtert, inwieweit das Thema Mission und Ökumene nicht stärker verpflichtend in der Pfarrerausbildung vorkommen müsste. So wurde aus der Versammlung am 20. März 2000 eine Bitte an den Oberkirchenrat einstimmig verabschiedet:

Die Versammlung der Württembergischen Evangelischen Arbeitsgemeinschaft für Weltmission (WAW) bittet den Evangelischen Oberkirchenrat (OKR), dafür Sorge zu tragen, dass

1. das Fach Religionswissenschaft, Ökumene, Missionswissenschaft, Evangelistik und Apologetik als Pflichtprüfungsfach in der Prüfungsordnung I der Württ. Landeskirche Aufnahme findet.

---

[15] Amtsblatt der Evangelischen Landeskirche in Württemberg, Bd. 54, Nr. 21 vom 20. Dezember 1991, auszugsweise zitiert aus „Partnerschaften zwischen Kirchengemeinden und Kirchenbezirken in Übersee und in Württemberg, S. 603–608.

Begründung: Die geistige und weltanschauliche Situation in unserer Gesellschaft und die Entwicklung unserer Kirche machen es unumgänglich, in der Vorbereitung für den Dienst der Pfarrerinnen und Pfarrer in unserer Kirche eine entsprechende qualifizierte Ausbildung in diesen Bereichen zu gewährleisten.

Im Erlangen einer fachlichen Kompetenz im unumgänglichen interkulturellen und interreligiösen Dialog scheint uns dies angesichts gesellschaftlicher Entwicklungen dringend geboten und notwendig zu sein. Dieser Antrag stützt sich auch auf die notwendigen Schritte und Konsequenzen der EKD-Synode 1999 in Leipzig, bei der Mission und Evangelisation als Schwerpunktthema behandelt wurden. Es ist ebenfalls festzustellen, dass die Badische Landeskirche schon vor geraumer Zeit beschlossen und umgesetzt hat, den obigen Fachbereich zum Pflichtprüfungsfach zu machen.

2. Mit der Evangelisch-Theologischen Fakultät der Universität Tübingen in Verhandlungen darüber einzutreten, wie das Lehrangebot der Fakultät so gestaltet werden kann, dass eine angemessene Vorbereitung im obengenannten Fach an der Universität Tübingen möglich ist. [16]

So hat die WAW immer wieder im Laufe ihrer Geschichte Themen und Aufgabengebiete angestoßen, die dann von anderen Gremien aufgegriffen, weitergeführt oder auch mangels Durchsetzungskraft

---

[16] Aus dem Protokoll der WAW-Versammlung vom Montag, 20. März 2000 von 9.00 bis 16.30 Uhr im Hospitalhof, Stuttgart.

oder Personalmangel nicht weiter verfolgt wurden. So bliebe manches „bruchstückhaft" und dennoch konnten viele Impulse aus der weltweiten Christenheit vermittelt, angestoßen und umgesetzt werden.

Die jeweils im Herbst durchgeführten Studientage für Bezirksbeauftragte hatten jeweils ein Schwerpunktthema. Oft waren es Ergebnisberichte aus internationalen Tagungen oder aktuelle Missions- oder Ökumene relevante Themen. So stand z. B. im Jahre 1989 die Weltmissionskonferenz in San Antonio auf der Tagesordnung: „Mission in der Nachfolge Jesu Christi". Oder 1983 war in der Versammlung die „Mission und Evangelisation – eine ökumenische Erklärung" Thema. Beim Studientag im Herbst des gleichen Jahres stand ein Bericht über die Vollversammlung des ÖRK in Vancouver, Kanada auf dem Programm.

Da die Federführung der Landesmissionsfeste bei der WAW liegt und in den 1980er-Jahren immer weniger Besucher nach Stuttgart kamen, hat sich die WAW entschieden, die Landesmissionsfeste „auszulagern" und einzelne Dekanate reihum zu bitten, eine Einladung für solch ein Fest auszusprechen. Dies war spannend, da jedes Jahr ein neuer örtlicher Arbeitskreis zustande kommen musste und es manchmal zuerst darum ging, die örtlichen Kräfte für die Durchführung eines solchen Unterfangens erst zu gewinnen. Es gab viele gut besuchte und gelungene Feste, besonders da, wo vor Ort der Dekan und missionsinteressierte Pfarrer und Ehrenamtliche aus Kirche und Gemeinschaften miteinander in der Vorbereitung und Durchführung standen. Nicht immer waren die Räumlichkeiten der einzelnen Veranstaltungsorte ideal und es gab viel zu improvisieren. Gelungen war ein Fest, wenn nach dem Ereignis Einzelne im Vorbereitungskreis bemerkten: *„Mir fehlt aber jetzt etwas, denn es war gut, hier mitzuarbeiten.*"Gleichzeitig umwehte uns aber auch manchmal ein heftiger Gegenwind und es wurde deutlich, dass das Thema „Mission" mit manchen „Zerrbildern" behaftet ist und wir auch weiterhin in der Pflicht stehen, mitzuhelfen, dass wir lernen, fröhlich zu bekennen, warum wir Christen sind und es auch bleiben wollen; ja warum wir uns auch freuen, wenn die Gemeinde Jesus unter oft schwierigsten Verhältnissen dennoch wächst und Menschen zum Glauben an Jesus Christus finden.

Im Referat wurde in den frühen 1980er-Jahren ein Missions-Projekt Ausschuss (MPA) eingerichtet, der unter der Bezeichnung: „Ausschuss für evangelikale Missionsprojekte" geführt wurde. Dieser Ausschuss wurde ins Leben gerufen, um die durch „Hilfe für Brüder" eingereichten Projekte, direkte Projekte von vorwiegend freien und z. T. evangelikalen Missionen, sowie auch von Kirchen und Einrichtungen aus Übersee, zu behandeln, die im Haushalt der Landeskirche nicht so berücksichtigt wurden, wie dies beim EMS, dem Lutherischen Weltbund, Kirchen helfen Kirchen, der Liste des Bedarfs des Evangelischen Missionswerks (EMW) oder dem Kirchlichen Entwicklungsdienst (KED) der Fall war.

Dieser Ausschuss hat also der württembergischen Situation und Tradition Rechnung getragen, auch evangelikale und freie Einrichtungen in der Landeskirche zu berücksichtigen und direkte Beziehungen zu internationalen Verbänden außerhalb der traditionellen ökumenischen Verbindungen und zu Kirchen, die durch die Maschen der ökumenischen Netze fallen, aufrecht zu erhalten. Ein weiterer Aspekt für diesen MPA war, das gravierende Ungleichgewicht zwischen Bezuschussung von Entwicklungsprojekten und der mangelnden Bezuschussung von genuin missionarisch-evangelistischen Projekten, inklusive entsprechender Ausbildungsstätten, etwas gerechter zu gestalten. Von kirchlichen, evangelikalen, aber auch ökumenischen Partnern wurde zu Recht angemahnt, dass wir in der BRD eine Dichotomie zwischen Entwicklung und Evangeliumsverkündigung praktizieren, die weder dem Befund des Neuen Testamentes noch der Wirklichkeit der Partnerkirchen entspricht. Die Frage der westlichen Schuldkomplexe betreffs Mission wurden von ökumenischen Besuchern immer wieder angesprochen und hinterfragt. Dazu kam, dass entwicklungsbezogene Projekte von Partnern, die weniger Zugang zu „Brot für die Welt" oder KED-Töpfen haben, für ihre notwendigen Entwicklungsvorhaben aus dem MPA Mittel erhielten. Ebenso haben wir diese Partner auch bei Landesmitteln mit einbezogen und die notwendige 25 % Eigenbeteiligung über den MPA bewilligt, wenn eine Mission diesen Betrag nicht aus eigenen Spendenmitteln bestreiten konnte.

Da der MPA auch Mittel aus dem „Ökumenischen Nothilfe Fond" und begrenzte Mittel aus KED-Restmitteln vergeben kann, wurde das Mandat des MPA immer auch als ein ganzheitliches Mandat verstanden. In vielen Fällen, besonders bei Partnern wie „INFEMIT", „Partners in Mission Asia" oder der „Lateinamerikanischen Theologischen Fraternität" konnten wir manche Projekte gemeinsam mit dem „Missionswerk in Hamburg" oder auch mit „Hilfe für Brüder" konzipieren, vermitteln, abgeben oder übernehmen. Bei entsprechenden Anträgen haben wir immer Informationen ausgetauscht oder Partner beraten, wo sie ihre Projekte einreichen können, ja ihnen sogar manchmal bei der Antragstellung geholfen. Eine ganze Reihe von Partnern verdanken es unserer Vermittlung, dass sie später auch bei jährlichen Zuschüssen in Hamburg regelmäßig berücksichtigt wurden.

Wir verstanden uns als „Facilitators" im gesamtmissionarischen Bemühen, die die Prioritätensetzung der Partner wirklich ernstnehmen und ihnen in ihren oft äußerst schwierigen Situationen zur Seite stehen. Bei vielen Anträgen handelt es sich um einmalige Maßnahmen, wenngleich sich auch gezeigt hat, dass längerfristige Bezuschussungen nötig sind, was ja im ökumenischen Bereich mit oft hohen Summen ebenfalls geschieht. Die Notwendigkeit der Bezuschussung von Konsultationen und die Stärkung der Kirchen in besonders schwierigen Situationen, z. B. in islamischen Ländern, erhielt dabei eine besondere Gewichtung.

Ab den frühen 1980er-Jahren wurden durch den MPA grundsätzlich keine vom EMS oder dessen Partnerkirchen eingereichten Projekte berücksichtigt, mit wenigen Ausnahmen als Bestätigung der Regel. Dies hat sich später im begrenzten Umfang geändert und geschah dann jeweils als eine Ausnahme und in Absprache mit den jeweiligen Gebietsreferenten des EMS. So wurde z. B der Sudan, aber auch Sabah berücksichtigt, ebenso das Akrofi-Christaller Zentrum in Ghana.

Letzteres geschah durch eine Mischfinanzierung zwischen MPA, dem EMS und der Basler Mission zusammen mit Mitteln von Brot für die Welt. Wir haben besonders bei großen Projekten oft mitgeholfen, dass ein gemeinsames Paket zur Förderung der Partner geschlossen werden konnte.

Schon längst hat ja in der Weltchristenheit ein Paradigmen-wechsel stattgefunden. Die entscheidenden Impulse zur Mission gehen heute von den Kirchen Asiens, Afrikas und Lateinamerikas aus. Die deutsche Missionstheologie ist schon längst nicht mehr impulsgebend und normativ. Anfangs des 20. Jahrhunderts lebten mehr als 80 % aller Christen in Europa und Nordamerika, heute sind es nur noch etwas über 30 %, mit sinkender Tendenz. Die Dynamik des Wachstums der Weltchristenheit, auch ihre missionarische Dynamik, ist auf der südlichen Hemisphäre unseres Planeten zu finden, nämlich in Afrika, Asien und Lateinamerika. Im Blick auf diese demographische Entwicklung bemerkt Professor Andrew Walls, dass wir im 21. Jahrhundert wohl zunehmend von einem nach-christlichen Westen, aber gleichzeitig auch von einer nach-westlichen Christenheit sprechen können. Es gilt wahrzu-nehmen, mit welcher Schubkraft und Dynamik, trotz oft wider-wärtiger Umstände, die weltweite Kirche heute wächst. Die neuen Träger der weltweiten Mission sind heute zumeist einheimische, oft erstaunlich reife und vollmächtige Christen erster Generation. Es handelt sich an keinem Ort um eine fertige Kirche Jesu Christi, sondern überall geht es zu wie auf einer Baustelle. Vieles ist dabei noch unfertig, aber erstaunlich dynamisch. Ein afrikanischer Kir-chenpräsident, dessen Kirche in den letzten Jahren enorm gewach-sen ist, bemerkte daher auch: *„Je mehr meine Kirche wächst, je mehr Probleme habe ich aber auch.“*

Der WAW war es über die Jahre ein besonderes Anliegen, auf Freud und Leid der weltweiten Gemeinde Jesu aufmerksam zu machen und Impulse der weltweiten Christenheit im ökumenischmissionarischen Lernen auf allen Ebenen der Landeskirche zu ermöglichen. Dass dies immer nur bruchstückhaft gelingt, ist allen bewusst, denn „global denken und lokal handeln" ist leichter gesagt als umgesetzt, besonders wenn der eigene Schuh stärker drückt, als der oft „schuhlose Partner" in Übersee.

Die Württ. Evangelische Landeskirche befasste sich im Juli 1999 mit Mission, Ökumene und dem Kirchlichen Entwicklungsdienst und erklärte zur WAW:

„Die Württembergische Evangelische Arbeitsgemeinschaft für Weltmission ist unsere Form der Zusammenarbeit mit allen evangelischen Missionsgesellschaften und Werken, die ihren Schwerpunkt in Württemberg haben. Wir bejahen die Aufgabe, die missionarische Ausrichtung der kirchlichen Arbeit zu fördern und die Bereitschaft und Liebe zur Mission in den Gemeinden zu wecken und zu erhalten (Richtlinien). Wir halten das ‚Opfer für Weltmission' und ihr ‚Aufgabenheft' weiterhin für einen guten Weg, die Beteiligung der Gemeinden an der weltweiten Arbeit zu gewährleisten. Wir freuen uns, wenn Kirchengemeinden darüber hinaus Projekte der Mission fördern.

Wir bekräftigen unsere Bereitschaft, mit Werken der Mission und ökumenischen Diakonie vertrauensvoll zusammenzuarbeiten. Es ist der bleibende Auftrag der Mission, alle Menschen mit dem Evangelium zu erreichen." [17]

---

[17] Württ. Evang. Landessynode: aus der Erklärung zu Mission, Ökumene und Kirchlichem Entwicklungsdienst, Wort an die Gemeinden, Kirchenbezirke und Werke vom 10. Juli 1999; Punkt 7.

Mit Walter Freytag gilt es daher weiterhin zu bedenken: „*Dass Gott zum Ziel kommt, ist keine Frage, nur, ob wir ihn mit uns zum Ziele kommen lassen, das ist eine offene Frage.*"[18]

Kirchenrat i.R. Albrecht Hauser
Ehemaliger WAW-Vorsitzender

---

[18] Schlusswort „15 Jahre Württ. Evang. Arbeitsgemeinschaft für Weltmission". von Präsident D. Dr. Rudolf Weeber auf der WAW-Versammlung am 18. August 1978 in Buhlbronn.

Die Jahre 2001–2013

Das letzte Jahrzehnt der WAW-Geschichte seit ca. 2001 spiegelt in mehrfacher Hinsicht Entwicklungen und Trends wider, die für die weltweite Christenheit, für die Landeskirche und für das bunte Feld kirchlicher und freier Werke im Bereich Mission, Ökumene und kirchlicher Entwicklungszusammenarbeit kennzeichnend sind. Dieser Berichtszeitraum soll anhand folgender Aspekte nachgezeichnet werden.

1. Diskussion um das Selbstverständnis und Aktivitäten der WAW als Arbeitsgemeinschaft und Plattform der Zusammenarbeit im Raum der Württembergischen Landeskirche
2. Entwicklung der Mitgliedschaft in der WAW und Aufnahmekriterien
3. Entwicklungen im Selbstverständnis und das Verständnis von Partnerschaft in den Mitgliedswerken in der Teilhabe an der Mission Gottes
4. Inhaltliche Schwerpunkte und Entwicklungslinien in den Aktivitäten der WAW

In der WAW-Geschäftsführung fand in dieser Zeit ein zweifacher Wechsel statt: Nach Kirchenrat Albrecht Hauser, der die Geschäfte 20 Jahre lang geführt hatte, übernahm Kirchenrat Fritz Würschum diese Aufgabe im Jahr 2004. Im Jahr 2011 wurde Kirchenrat Dr. Andreas Kümmerle zum Geschäftsführer berufen.

1. Diskussion um das Selbstverständnis und Aktivitäten der WAW als Arbeitsgemeinschaft und Plattform der Zusammenarbeit in Württemberg

Bewährte Arbeitsformen der Zusammenarbeit wie die jährliche Versammlung auf Einladung eines Mitgliedwerkes, die Ausrichtung des jährlichen Landesmissionsfestes gemeinsam mit dem jeweils gastgebenden Kirchenbezirk, dem OKR und der EMS, Missionsstudientage und missionstheologische Arbeitskreise wurden weitergeführt, jedoch mit Akzentunterschieden und teilweise unter veränderten Rahmenbedingungen

Die *Grundfrage des Selbstverständnisses* begleitete die Arbeit des WAW-Ausschusses durch die ganzen Jahre. Welche Bedeutung hat die WAW als Arbeitsgemeinschaft für ihre Mitglieder? Was erwarten diese von der Gemeinschaft? Wie verbindlich ist die Zusammenarbeit? Erschöpft sich die Gemeinschaft möglicherweise in wenigen symbolischen Aktionen und nicht zuletzt in der Partizipation am württembergischen „Opfer für Weltmission", sowohl im Fundraisinginteresse als auch mit dem Ziel, die Verbindung zu den Gemeinden zu suchen und zu pflegen? Im Jahr 2001 wurde eine größere Fragebogenaktion durchgeführt, um die Erwartungen, Interessen und Möglichkeiten der Zusammenarbeit zu eruieren. Auf dieser Grundlage bekräftigte der WAW-Ausschuss das Interesse und Ziel, die WAW bewusst als Plattform des Austauschs zu Fragen des missionarischen Zeugnisses und Auftrags wahrzunehmen und die Chance der Breite und Vielfalt der Mitgliedswerke konstruktiv zu nutzen. Insbesondere beschäftigte die Ausschussmitglieder, wie das

Interesse in den Gemeinden an Mission und weltweiter Kirche geweckt und stärker verankert werden könnte. Welche Impulse können dazu beitragen, dass der „Funke überspringt", dass Mission nicht als exotisches Thema ferner Länder und auch nicht in erster Linie als Thema der Spendenwerbung verstanden wird, sondern als Chance des Lernens und der Verknüpfung mit den Herausforderungen christlichen Zeugnisses und christlicher Existenz im eigenen Kontext Deutschland. Dabei wurde, je länger desto mehr, ein Konsens darin deutlich, dass ein ganzheitliches Missionsverständnis alle Dimensionen des Zeugnisses umfasst und dass zwischen Welt- und Volksmission eine enge innere Verbindung besteht, wie sie von ihrer Entstehungsgeschichte her immer gegeben war. Diese Fragestellungen schlagen sich mit unterschiedlicher Akzentuierung in den Themen der Aktivitäten nieder (s. 4.). In der konkreten Umsetzung blieben immer wieder Fragen offen, die selbstkritisch diskutiert wurden, so etwa die thematische Verknüpfung von Volks- und Weltmission.

Die enger gewordenen finanziellen Rahmenbedingungen in der Landeskirche, aber auch die Erfahrung, dass das Interesse an mehrtägigen Studientagungen deutlich abnahm, führten dazu, dass 2001 die letzte große *Studientagung* in Bad Urach zum Thema „Reden von Gott in der Welt – der missionarische Auftrag heute" (im Anschluss an die EKD-Synode 1999) durchgeführt wurde. 2002 folgte eine zweitägige Studientagung in Verbindung mit der WAW-Versammlung zur Diskussion des Missionsverständnisses in den Werken der WAW und zur Frage von „Ärgernis und Torheit des Kreuzes" in Herrenberg. Seither werden jährlich ein bis zwei *Studientage* durchgeführt, in der Regel mit Hauptvortrag und Aussprache am

Vormittag und vertiefenden Gesprächsgruppen am Nachmittag –
eine Arbeitsform, die jeweils 35 bis 50 Teilnehmende erreicht.
Missionstheologische Arbeitskreise werden ein- bis dreimal jährlich
an Montagnachmittagen durchgeführt, ebenfalls mit einer Zahl
von 30 bis 40 Teilnehmenden.

Die jährlichen *Landesmissionsfeste* waren kontinuierliches Dis-
kussionsthema: Die Feste sind in thematischer Ausrichtung und in
der Teilnahme sehr stark geprägt vom jeweils gastgebenden Kirchenbezirk, z. B. durch Bezirkspartnerschaften und durch die Verankerung von WAW-Mitgliedswerken im Kirchenbezirk. Die Beteiligung aus dem weiteren Bereich der Landeskirche bleibt begrenzt.
Neben einer kleinen Zahl von treuen Besucherinnen und Besuchern,
die der Weltmission verbunden sind, beschränkt sich die Beteiligung
über den Kirchenbezirk hinaus auf Personen, die gezielt am Programm teilnehmen, weil sie an den Themen interessiert sind oder
weil sie, über Kirchenpartnerschaften oder persönliche Kontakte,
mit einem Land besonders verbunden sind, außerdem auf die Mitarbeitenden der Mitgliedswerke, die die Stände auf dem „Missions-
markt" gestalten. Die Durchführung des Missionsmarktes wurde
immer dann sehr kritisch angefragt, wenn er räumlich vom Haupt-
geschehen abgesetzt war und die Besucherzahlen deshalb gering
waren. Bewährt hat er sich überall dort, wo die Stände am Haupt-
veranstaltungsort, z. B. im Foyer einer Stadt-/Gemeindehalle, aufgebaut werden konnten. Die konzeptionelle Ausrichtung auf einen
gastgebenden Kirchenbezirk ist ausdrücklich gewollt. Von einem
Bezirksmissionsfest, wie es nach wie vor in einigen Kirchenbezirken
durchgeführt wird, unterscheidet sich das Landesmissionsfest durch

die gemeinsame Ausrichtung mit der Landeskirche, der WAW und der EMS, durch die Breite der Beteiligung und durch die Möglichkeit, mit landeskirchlicher Unterstützung eine größere, nicht zuletzt mediale Öffentlichkeit zu erreichen. Dazu tragen auch die Einladung internationaler Gäste und die regelmäßige Beteiligung des Landesbischofs im Abschlussgottesdienst bei. Für etliche Kirchenbezirke bedeutete das Landesmissionsfest die Chance und den Anstoß, Themen der Weltmission zu einem Jahresschwerpunkt zu machen. Überlegungen, das Landesmissionsfest mit dem Tag der weltweiten Kirche, jeweils am Pfingstmontag, und/oder mit dem Gustav-Adolf-Fest zu verbinden, wurden – im wechselseitigen Einvernehmen und Interesse – nicht weiter verfolgt, da jedes Fest beide Veranstaltungen ihre je eigene Prägung und eigene Ausstrahlung haben. Das Kollegium des Oberkirchenrats unterstrich das Interesse an einer eigenständigen Ausrichtung des Landesmissionsfestes, beschloss jedoch seine Verlegung vom Sonntag Rogate, der neuerdings allgemeiner Konfirmationssonntag ist, auf den 2. bzw. 3. Sonntag nach Trinitatis.

In der Gestaltung des Landesmissionsfestes wurden neue Wege erprobt: Die traditionelle Form eines Missionsfestes mit Gottesdienst am Vormittag und Festversammlung am Nachmittag ist seit 1995 ergänzt durch das Angebot von Workshops und Gesprächsgruppen, anfangs im Anschluss an den Gottesdienst am Vormittag. Um mehr Zeit für Gespräch und Austausch zur Verfügung zu haben, wurde das Fest 2005 im Kirchenbezirk Tübingen erstmals zweitägig durchgeführt, mit Gottesdiensten und Workshops an drei verschiedenen Orten. Seither wurde dieses Modell weiterentwickelt und ausgeweitet, beginnend mit einer Auftaktveranstaltung am Freitag-abend (z. B. Eröffnungsveranstaltung, musikalisches Programm, Männervesper), in manchen Jahren mit einem breiten Angebot an thematischen Workshops an verschiedenen Orten, mit Frauenfrüh-stücken, Jugendprogrammen und musikalischen Projekten am Sams-tag und Sonntag, mit zahlreichen dezentralen Gottesdiensten am Sonntagmorgen (mit Gastpredigerinnen und -predigern aus der weltweiten Kirche und aus den WAW-Werken) und schließlich mit einer abschließenden zentralen Veranstaltung (Festversammlung und Gottesdienst) am Sonntagnachmittag. Die Landesmissionsfeste erhielten so den Charakter eines kleinen Bezirkskirchentags, der mit großem Engagement vorbereitet und durchgeführt wird. Die Erfahrungen der vergangenen Jahre führten zu der Empfehlung, die Konzeption grundsätzlich beizubehalten, das Fest aber auf zwei Tage und auf wenige Workshops möglichst an einem Ort zu kon-zentrieren.

Die jährlichen *WAW-Versammlungen* werden als Chance wahr-genommen, das jeweils gastgebende Werk näher kennenzulernen und – in Verbindung mit der Prägung und den Arbeitsbereichen des Werks – zugleich eine thematische Schwerpunktsetzung vorzu-nehmen. Die Gestaltung durch Präsentationen des gastgebenden Werks am Vormittag und die Geschäftssitzung, ebenfalls geprägt durch Präsentationen, am Nachmittag wurde seit 2009 weiter-entwickelt, um eine größere aktive Beteiligung zu ermöglichen. So finden am Vormittag vertiefende, thematische Gesprächsgruppen statt. Außerdem werden in der Mittagspause Führungen durch das gastgebende Werk angeboten. In der Geschäftssitzung erhalten neu aufgenommene Werke die Möglichkeit, ihre Arbeit vorzustellen, ebenso kleine Werke, die nicht in der Lage sind, als Gastgeber zu fungieren.

In der zurückliegenden Amtsperiode der württembergischen Landessynode konnte der Gesprächskontakt mit dem *synodalen Ausschuss für Mission, Ökumene und Entwicklung* deutlich intensiviert werden. Auf Einladung des synodalen Ausschusses fanden wiederholt Gesprächsforen mit einer breiten Vertretung sowohl kirchlicher als auch freier Werke statt, bei denen Fragen des Missionsverständnisses, die Frage der Verankerung des Themas Mission in der theologischen Ausbildung und des Lehrangebots in Tübingen sowie die Kampagne mission.de im Mittelpunkt standen. Durch die Initiative des Ausschusses kamen Fragen der Mission immer wieder auf die Tagesordnung der Landessynode, dabei wurde die Rolle der WAW und ihr im Bereich der EKD einzigartiger Charakter als einer Arbeitsgemeinschaft aus kirchlichen und freien Werken mit einer großen Breite gewürdigt. Das Themenheft 7 „Lebensgeschichten – Glaubenswege" der Kampagne mission.de mit einer Vielzahl von Beiträgen aus unterschiedlichsten Werken, beispielhafter Ausdruck für das, was an Zusammenarbeit über unterschiedliche theologische und institutionelle Prägungen hinaus möglich geworden ist, wurde vom Ausschuss sehr positiv wahrgenommen. Der WAW-Vorsitzende wurde mehrfach als Gesprächspartner in den Ausschuss eingeladen, ebenso, zusammen mit Vertretern weiterer Werke, zu Arbeitsgruppen bei Synodaltagungen (z. B. zu den Themen „Christen in der Minderheit" und „Was heißt evangelisch?"). Bemühungen um eine Wiederbesetzung des missionswissenschaftlichen Lehrstuhls an der Universität Tübingen hatten leider keinen Erfolg, doch wurde die Gewährleistung eines qualifizierten Lehrangebots im Fach Interkulturelle Theologie/Missionswissenschaft von WAW und synodalem Ausschuss nachdrücklich eingefordert.

2. Entwicklung der Mitgliedschaft in der WAW und die Präzisierung der Aufnahmekriterien

Gehörten zur Zeit der Gründung der WAW neben der Landeskirche, kirchlichen Werken und Arbeitsbereichen sowie dem Lehrstuhl für Missionswissenschaft in Tübingen sieben Missionswerke/-gesellschaften der Arbeitsgemeinschaft an, so ist deren Zahl bis heute sprunghaft auf ca. 30 gewachsen. Dafür sind mehrere Gründe zu nennen: Eine Vielzahl von Werken ist erst in den zurückliegenden Jahrzehnten entstanden. Oft bildeten sich Werke aus Initiativen, die auf einzelne Personen und lokale Unterstützergruppen zurückgingen und eine spezifische Ausrichtung hatten, entweder regional (z. B. Indien, China, Lateinamerika, Philippinen) oder thematisch (Zeugnis unter Muslimen, Verbindung mit messianischen Juden, Heilung, Bildungsarbeit), und die im Lauf der Jahre eine breitere Verankerung in landeskirchlichen Gemeinden fanden. Etliche Werke konstituierten sich als deutsche Zweige internationaler Vereinigungen. Die Mehrzahl dieser neu entstandenen freien Werke versteht sich als Teil der evangelikalen Bewegung unter dem Dach der Arbeitsgemeinschaft Evangelikaler Missionen (AEM) mit landes- und freikirchlicher Basis, ebenso wie Einrichtungen im Bereich der missionarischen Ausbildung, der Entwicklungszusammenarbeit und der Personalentsendung, die erst nach Gründung der WAW entstanden.

Über das Aufgabenheft des württembergischen „Opfers für Weltmission" hatten schon seit langer Zeit Verbindungen zu freien Werken bestanden, die selbst nicht WAW-Mitglieder waren, aber mit landeskirchlichen Gemeinden über längere Zeit in Verbindung stehen. Eine WAW-Mitgliedschaft war ausdrücklich nicht notwendigerweise mit der Aufnahme ins Aufgabenheft verknüpft, doch wuchs sowohl auf Seiten des WAW-Ausschusses als auch bei vielen Werken, die am „Opfer für Weltmission" partizipierten, der Wunsch einer engeren Zusammenarbeit nicht nur über Opfermittel, sondern auch in inhaltlichen Fragen.

Bei neu entstandenen Werken gilt die Regelung, über einen mehrjährigen Zeitraum die WAW mit Gaststatus kennenzulernen, d. h. Einladung zu den Versammlungen, den Landesmissionsfesten, den Missionsstudientagen und den missionstheologischen Arbeitskreisen. Die Aufnahme als Mitgliedswerk erfolgt jeweils nach eingehender Diskussion im Vorstand, auf einstimmige Empfehlung des Ausschusses und nach Vorstellung in der Versammlung. Hierfür wurden die Aufnahmerichtlinien präzisiert: Über die Bereitschaft zur Zusammenarbeit in der WAW als Plattform wurde auch die internationale Zusammenarbeit und Absprache mit den anderen Mitgliedswerken und mit ökumenischen Zusammenschlüssen in der jeweiligen Einsatz-/Partnerregion zur Voraussetzung gemacht, um zu gewährleisten, dass das Zeugnis an keinem Ort zu Rivalitäten und Spaltungen führt, dass es vielmehr der Einheit im Sinne von

Joh. 17,21 dient – ein Anliegen, das die moderne Missionsbewegung seit ihren Anfängen im 18. und 19. Jahrhundert immer wieder vor Herausforderungen gestellt hatte.

Vor dem Hintergrund der Spannungen zwischen „ökumenischen" und „evangelikalen" Strömungen in den zurückliegenden Jahrzehnten blieb das Ringen um wechselseitiges Verständnis und die Suche nach gemeinsamen Antworten in kontroversen Fragen ein bleibendes, im Berichtszeitraum wachsendes Anliegen der Gemeinschaft in der WAW.

3. Entwicklungen im Selbstverständnis und das Verständnis von Partnerschaft in den Mitgliedswerken in der Teilhabe an der Mission Gottes

Entwicklungen in der weltweiten Christenheit, insbesondere die immer deutlichere Verlagerung ihres „Gravitationszentrums" von der nördlichen in die südliche Hemisphäre, führten auch zu Veränderungsprozessen in den WAW-Mitgliedswerken, sowohl im Blick auf ihr missionarisches als auch auf ihr institutionelles Selbstverständnis. Kontroversen um „Evangeliumsverkündigung" versus „sozialdiakonisches Zeugnis" verloren an Gewicht zugunsten eines gemeinsamen Verständnisses der Teilhabe an der Mission Gottes, die alle Dimensionen des Zeugnisses umfasst und kontextuelle Konkretisierungen erforderlich macht – ein Verständnis, dessen Grundlagen bereits in der selbstkritischen missionstheologischen Reflexion nach dem 2. Weltkrieg und in der Zeit der Dekolonisierung gelegt worden waren. Dass diese Fragen nach wie vor das offene Gespräch und das ehrliche Ringen um angemessene und theologisch verantwortete Wege erforderlich machen, zeigen die Themen, mit denen sich die WAW nach wie vor beschäftigt. Es geht jedoch nicht mehr um scheinbare Alternativen wie „missionarisches Zeugnis" versus „ökumenische Partnerschaft". Stichworte wie „Partnerschaft auf Augenhöhe", „Solidarität", „kulturelle Sensibilität im missionarischen Zeugnis" sind heute Allgemeingut. Gefördert wurde dieser Prozess durch die selbstbewussten Beiträge der Kirchen und Gemeinden in Afrika, Asien und Lateinamerika, für die das einladende Zeugnis und der Dienst an der Gemeinschaft in „mutiger Demut" (David Bosch) immer schon zusammengehört haben.

Dazu trägt auch die Tatsache bei, dass weltweite Kirche über kulturelle Grenzen hinweg im eigenen Horizont in Deutschland immer präsenter wird, in Gestalt von Migrationskirchen, internationalen Gemeinden und Missionarinnen und Missionaren aus dem globalen Süden, die herausfordernde Fragen an Deutschland als Missionsland stellen.

Das alte Bild der „Westmission", geprägt von Macht- und Entscheidungszentren in Europa und Nordamerika, wird zunehmend in Frage gestellt. Nicht nur ein kirchliches Missionswerk wie die „Evangelische Mission in Solidarität" (EMS), in der alle Mitgliedskirchen in Europa, Afrika, Asien und dem Nahen Osten gleiche Rechte und Pflichten haben, sondern auch freie Werke verstehen sich heute als Werke, die in Partnerschaft mit einheimischen Kirchen und Gemeindeverbänden tätig sind. Gemeinsames Ziel ist die Förderung selbständiger Kirchen, wie es bereits im 19. Jahrhundert der visionäre Sekretär der Church Missionary Society (CMS), Henry Venn mit der Propagierung der „drei Selbst" („self-governing, self-supporting, self-propagating native churches") zum Programm gemacht hatte, und die Bereitstellung von Diensten, sei es durch missionarisches Personal, durch finanzielle Mittel, durch Ausbildungsprogramme oder durch spezifisches Know-how für das Zeugnis dieser einheimischen Kirchen. Eine Frage, die alle Werke beschäftigt, ist dabei die Entsendung von Lang- und Kurzzeitmitarbeitenden: Um interkulturelle Zusammenarbeit zu ermöglichen, um Sprache und Leben in einer fremden Kultur wirklich zu lernen, sind Langzeiteinsätze notwendig, Kurzzeiteinsätze haben als Lernprogramme einen hohen Wert.

Zugleich ist damit die Frage verbunden, welche Impulse nach Europa zurückkommen. Missionarische Mitarbeiterinnen und Mitarbeiter, junge Freiwillige werden ebenso als Rückkehrerinnen und Rückkehrer wahrgenommen, die mit einem neuen Blick ihre Erfahrungen im Zeugnis am eigenen Ort einbringen. Bereits seit Ende der 1960er-Jahre sind ökumenische Mitarbeitende aus der weltweiten Christenheit im „Dienst für Mission, Ökumene und Entwicklung" (DiMOE) tätig, um den Horizont für Erfahrungen aus ihren Kirchen zu öffnen. Wechselseitige Besuche von Partnerschaftsgruppen und Begegnungen mit Gästen ermöglichen gleichfalls Lernerfahrungen, die von allen WAW-Mitgliedswerken geschätzt und wahrgenommen werden.

4. Inhaltliche Schwerpunkte und Entwicklungslinien in den Aktivitäten der WAW

Die skizzierten Entwicklungslinien schlagen sich in den inhaltlichen Schwerpunkten nieder, die durch die Themen bei den verschiedenen WAW-Aktivitäten illustriert werden. Immer mehr geht es um die Verknüpfung von Fragestellungen des Zeugnisses in den Ländern und Regionen, mit denen WAW-Werke verbunden sind, und im Kontext Deutschland.

Deutlich wird dies an den von den jeweiligen gastgebenden Kirchenbezirken gewählten Themen der *Landesmissionsfeste,* z. B. „So ist Versöhnung" (Freudenstadt 2002), „Bibel global – Gottes Wort bricht auf" (Gaildorf 2003), „lokal – global" (Tübingen 2005), „Lebendige Einheit – Bunte Vielfalt" (Münsingen 2006), „Dein Wille geschehe, wie im Himmel – so auf Erden" (Böblingen 2007), „Christus spricht: Ich lebe und ihr sollt auch leben" (Bernhausen 2008), „Werde Licht" (Blaubeuren 2009), „Mission – um Gottes willen – der Welt zuliebe" (Göppingen 2010), „... damit die Welt es hört" (Sulz 2011), „Salz der Erde – Christen in der Minderheit" (Neuenstadt/Kocher 2012), „Wer zählt die Völker, kennt die Namen" (Marbach 2013). Wieweit der Brückenschlag jeweils gelang, mag unterschiedlich sein, unverkennbar ist die Fragerichtung, welche Bedeutung der weltmissionarische Horizont für uns selbst hat.

Bei den jährlichen *WAW-Versammlungen* geschah eine inhaltliche Profilierung des Themas, bezogen auf das gastgebende Werk erst in den zurückliegenden Jahren, jedoch ebenso mit der doppelten Blickrichtung „weltweit" und „im eigenen Land", so z. B. sozialmissionarische Dienste (Kinderwerk Lima 2010), Reich-Gottes-Konzeption der Mission (Liebenzeller Mission 2011), Member Care (DMG 2012), Curing and Healing (CBM 2013).

Intensive missionstheologische Diskussionen haben ihren Ort insbesondere an *Missionsstudientagen*. Dass dabei die Diskussion mit Engagement und Emotionalität auch kontrovers geführt wird und dass wechselseitige Verstehen nicht immer leicht fällt, zeigte sich z. B. 2002 zum Thema „Ärgernis und Torheit des Kreuzes" oder 2010 zum Thema „Religionsfreiheit und Christenverfolgung". Es können einzelne Worte und Motive sein, die mit sehr unterschiedlichen Assoziationen verbunden sind, wie z. B. die begriffliche Unterscheidung zwischen „Verfolgung" und „Bedrängnis" oder das Motiv der „Humanisierung" sozialer Verhältnisse, die wechselseitiges Misstrauen nähren. Deshalb ist sowohl die offene und ehrliche Auseinandersetzung als auch das genaue Hinhören und Verstehen dessen, was gemeint ist, notwendig. Viele Studientage standen im Zeichen von gemeinsamem Fragen, Hören und Unterwegs-Sein, besonders im Blick auf der Suche nach Wegen, um ein einladendes Zeugnis in einer zunehmend komplexen Welt zu leben. Dazu gehörten Themen wie „Versöhnung" (2005), „Gott in der modernen Erlebnisgesellschaft" (2006), „Mission und weltweite Kirche im Reformprozess der EKD" (2007), „Gemeinden anderer Sprache und Herkunft" (2008), „Afrikanische Theologien – Was haben sie uns zu sagen?" (2011), „Wie machbar ist Mission? – Gegenwärtige Reformmaßnahmen aus Sicht einer doxologischen Missionstheologie" (2012) und „Christliches Zeugnis in einer multireligiösen Welt" (2013). Für diese Themen konnten jeweils kompetente Referenten gewonnen werden. In Gesprächsgruppen konnten Fragen in unterschiedlichen kulturellen Perspektiven vertieft werden.

Ähnliches gilt für die *missionstheologischen Arbeitskreise* mit der Möglichkeit, ökumenische Gäste als Gesprächspartner einzuladen, Themen von Missionsstudientagen aufzugreifen oder in einer Veranstaltungsreihe weiterzuverfolgen. So wurde die Aktualität des missionarischen Zeugnisses in unterschiedlichen kontextuellen Horizonten aufgegriffen: „Die Kundgebung der EKD von 1999" (2005), „Missionarisch-diakonischer Gemeindeaufbau in Hongkong und China" (2006), „Leitlinien der missionarischen Umgestaltung in der Lutherischen Kirche in Brasilien" (2006) und „Gemeindeaufbau und Gemeindewachstum in Kamerun und Ghana" (2007). Weitere Themen waren u. a. die Missionserklärung des Lutherischen Weltbundes (2007), „Christliche Präsenz in den Medien" (2007), „Bedrängte Christen und Religionsfreiheit in Indien" (2009). Zuletzt folgte eine Veranstaltungsreihe zu Fragen des Verhältnisses von Russisch-Orthodoxer Kirche, Evangelischer Kirche und Mission in Russland (2011–2013).

Alle diese Themen illustrieren, dass sich die WAW als eine Art „Werkstatt" des missionstheologischen Nachdenkens und des praxisorientierten Austausches versteht. Die Arbeitsgemeinschaft ist keine Organisation, sie bietet aber Räume und Orte für Gesprächsprozesse in einer Breite, wie es im Bereich der EKD nur wenige gibt. Es wird in den kommenden Jahren darauf ankommen, das Gespräch zu den wichtigen Perspektivfragen auf der Basis wechselseitigen Vertrauens qualifiziert zu vertiefen, umso mehr, als wir uns gemeinsam sowohl den Anfragen der Geschwister aus dem „Globalen Süden" als auch den Herausforderungen einer pluralen Gesellschaft im eigenen Land stellen müssen. Dass Mission als lebendiges Zeugnis am jeweiligen Ort Wesensmerkmal christlicher Existenz und eine Existenzfrage von Kirche ist, wird auch in Deutschland immer deutlicher. Dabei kommt es darauf an, dass wir uns der Dynamik in der globalen Kirche bewusst sind: Anders als vor 100 Jahren trägt das Gesicht der weltweiten Kirche mehr und mehr afrikanische, asiatische und lateinamerikanische Züge, mit allen begeisternden Seiten und allen Leidenserfahrungen, mit allem, was fasziniert und allem, was befremdet. Das Gespräch über Grenzen von Sprache, Kultur, Tradition und Frömmigkeitsprägung hinweg wird deshalb immer wichtiger, wogegen manche innereuropäische Auseinandersetzungen an Gewicht verlieren. Die WAW kann für dieses notwendige Gespräch, wenn sie ihren Auftrag ernst nimmt, eine wichtige und hilfreiche Plattform bieten.

Pfr. i.R. Bernhard Dinkelaker
Ehemaliger WAW-Vorsitzender

Auskunft über die WAW

Selbstverständnis und Organisation der WAW

Am Auftrag der WAW hat sich seit ihrer Gründung nur wenig verändert. Weiterhin versteht sich die Württembergische Evangelische Arbeitsgemeinschaft für Weltmission (WAW) als Netzwerk zur Förderung des weltweiten Missionsauftrages der christlichen Kirche. Verschiedene Missionswerke und Vereine, die im Bereich der Evangelischen Landeskirche in Württemberg arbeiten, sind mit kirchlichen Einrichtungen in der WAW zu einer Arbeitsgemeinschaft zusammengeschlossen. Die Anzahl der Werke und kirchlichen Einrichtungen ist in den letzten Jahren stark gewachsen. Die Grundstruktur und das Selbstverständnis der Arbeitsgemeinschaft hat sich über die Jahre hinweg jedoch kaum verändert. Mittlerweile gehören über 40 Organisationen zur WAW. Mehr als 1500 Mitarbeitende sind mit WAW Mitgliedsorganisationen weltweit im Einsatz.

Als Arbeitsplattform innerhalb der Evangelischen Landeskirche in Württemberg ist die Geschäftsführung der WAW dem Dezernat 1 „Theologie und Weltweite Kirche" zugeordnet. Die Geschäftsführung befindet sich im Referat 1.2 des Evangelischen Oberkirchenrats in Stuttgart und wird vom zuständigen Fachreferenten für Weltmission wahrgenommen.

Organisiert wird die Arbeitsgemeinschaft durch ihre Mitgliederversammlung und den WAW-Ausschuss (geschäftsführender Ausschuss). Für besondere Aufgaben und Projekte können Arbeitsausschüsse gebildet werden, deren Aufgaben jeweils von der Mitgliederversammlung bzw. dem geschäftsführenden Ausschuss festgelegt werden. Der Mitgliederversammlung gehören Vertretende der Landesynode, des Evangelischen Oberkirchenrats sowie Vertretende von kirchlichen Einrichtungen und Missionswerken an, die mindestens einmal im Jahr zusammenkommen. Aufgabe der Mitgliederversammlung ist es, die missionarische Ausrichtung der kirchlichen Arbeit zu fördern und den Mitgliedern der Arbeitsgemeinschaft mit Rat und Tat zur Seite zu stehen. Sie beschließt außerdem über die Aufnahme von Mitgliedern.

Der Ausschuss, der von der Mitgliederversammlung gewählt wird, setzt sich aus Vertretenden des Oberkirchenrates, der Missionswerke und verschiedener kirchlichen Einrichtungen zusammen. Die Aufgabe des über zehnköpfigen Ausschusses besteht in der inhaltlichen und operativen Gestaltung der WAW. In den regelmäßig stattfindenden Sitzungen werden unter anderem Studientage, theologische Arbeitskreise und Landesmissionsfeste geplant.

Die Kirchenleitung unterstützt die Arbeit der WAW jährlich mit einem Beitrag, der in den letzten Jahren auf 4.800 € angestiegen ist. Mit diesem Zuschuss werden unter anderem die Mitgliederversammlung, die missionstheologischen Studientage und die missionstheologischen Arbeitskreise finanziert. Dank der finanziellen Eigenbeteiligungen durch die Missionsorganisationen ist es möglich, den landeskirchlichen Beitrag so schlank zu halten.

Aufgabengebiete der WAW

Die Tätigkeitsfelder der WAW sind weit gesteckt. Indem die Arbeitsgemeinschaft die Missionswerke theologisch strukturell und finanziell
unterstützt, wird vor allem die Arbeit der Werke im Ausland gefördert.
Wie vielseitig und weitreichend die Unternehmungen im Ausland
sind, beschreiben die Projekte in der jährlich herausgegebenen Bro-
schüre „Opfer für Weltmission" sehr anschaulich. Im Bereich der
Landwirtschaft, Medizin, Pflege, Entwicklungspolitik, Sozial-, Lite-
ratur- Bildungsarbeit, Administration, Kulturanthropologie und nicht
zuletzt der Evangelisation sind die WAW-Werke weltweit tätig. Häufig
agieren die WAW-Organisationen mit lokalen Partnern vor Ort. Internationale Bündnisse mit WAW Werken gewinnen in den letzten
Jahren an Bedeutung. Durch das Heft „Opfer für Weltmission", das
die WAW zusammen mit dem Oberkirchenrat jährlich herausgibt,
beteiligen sich die Kirchengemeinden der Evangelischen Landeskirche
in Württemberg im großen Stil an der Arbeit der WAW Werke.

Auch im Inland ist die WAW aktiv. In Württemberg unterstützt
die WAW die weltmissionarische Arbeit im Kontext der Landeskirche auf verschiedenen Ebenen. Neben den missionstheologischen
Angeboten für Pfarrerinnen, Pfarrer und sonstigen leitenden Mitarbeitenden ist die WAW auch in den Kirchenbezirken und Gemeinden mit Fortbildungen und Veranstaltungen unterwegs. Viele
Mitarbeitende der WAW-Werke sind in den Kirchengemeinden als
ehrenamtliche Mitarbeiterinnen und Mitarbeiter in Kirchengemein-
derat, Jugend und Kinderarbeit aktiv und geben ihre Erfahrungen
an die WAW weiter.

In folgenden Arbeitsbereichen ist die WAW tätig:
- Unterstützung missionarischer Projekte vor allem im Ausland;
- Predigtdienste zu missionarischen Themen;
- Veranstaltungen in Schulen und Bildungseinrichtungen;
- Begleitung von Gruppen und Kreisen auf Gemeinde- und Distriktsebene;
- Mitverantwortung für das Projektheft „Opfer für Weltmission";
- Mitveranstaltung des jährlich stattfindenden Landesmissionsfestes am 3. Sonntag nach Trinitatis;
- Zusammenarbeit mit dem Synodalausschuss „Mission, Ökumene und Entwicklung";
- Durchführung von missionstheologischen Studientagen und Arbeitskreisen;
- Unterstützung bei der Herausgabe von Materialheften und Arbeitshilfen im Bereich Mission, Ökumene und kirchlicher Entwicklungsdienst;
- Förderung der jährlich stattfindenden Jugendmissionskonferenz (JuMiKo);
- Begleitung der internationalen Partnerschaftsarbeit;
- Organisation und Realisation von Freiwilligendiensten, Kurz- und Langzeiteinsätzen;
- Informationsdienstleistungen für Mitgliedswerke, kirchliche Einrichtungen und Presse;
- Gesprächsforen mit Landessynode und Oberkirchenrat;
- Vernetzung mit Evangelischem Missionswerk in Deutschland, der Arbeitsgemeinschaft Evangelikaler Missionen und Evange-

lischen Missionskonferenzen sowie internationalen Missionsorganisationen.

Über die WAW-Geschäftsstelle auf dem Oberkirchenrat oder direkt bei den Missionswerken können Dienstleistungen aus den oben genannten Bereichen angefragt werden.

Kirchenrat Dr. Andreas Kümmerle
Geschäftsführer der WAW

Vorstellung der Mitgliedswerke

Die WAW lebt von und aus ihren Mitgliedern. Deshalb lassen wir unsere Werke auch selbst zu Wort kommen. Obwohl alle Beteiligten dieselben Vorgaben bekommen haben, sind die Texte sehr unterschiedlich ausgefallen. Der Versuch, die Texte redaktionell zu vereinheitlichen, ist gescheitert. Zu viel eigenständiges Profil wäre auf der Strecke geblieben. Auf die Frage, wie so unterschiedlich denkende und agierende Organisationen innerhalb einer Arbeitsgruppe überleben können, gibt es vor allem eine Antwort: Die Mitglieder der WAW sind sich zumindest darin einig, dass Christus größer ist als die eigene Werksphilosophie. Dieses Wissen schafft eine Einheit, die viel Pluralität zulässt.

Nicht alle Werke sind aufgeführt. Einige unserer Mitglieder tun ihren Dienst im Verborgenen – aus gutem Grund. Eine Veröffentlichung in diesem Rahmen könnte für diese Organisationen Schwierigkeiten verursachen. In der WAW-Geschäftsstelle liegt ein Verzeichnis über alle Mitgliedswerke vor. Der Stand der uns vorliegenden Daten stammt aus dem Jahr 2015. Wer detailliertere und auch aktuelle Informationen wünscht, ist eingeladen, sich direkt mit den Werken in Verbindung zu setzen. Die E-Mail-Adressen der im Buch aufgeführten Mitgliedswerke sind auf den Seiten 67 und 68 abgedruckt. Weitere Informationen über die Werke finden sich auf der WAW-Internetplattform www.waw-online.de.

Kirchenrat Dr. Andreas Kümmerle
Geschäftsführer der WAW

Die Missionswerke finden Sie auf den folgenden Seiten:

Werk	E-Mail-Adresse	Seite
Akademie f. Weltmission	info@awm-korntal.de	69
Aktion Nat. Medizin	info@anamed.org	70
Albrecht-Bengel-Haus	info@bengelhaus.de	71
Basler Mission – DZ	info@baselmission.org	72
Chinesische Missionsgem. – DZ	eva-ursula.krueger@elkw.de	73
Chr. Fachkräfte International	cfi@gottes-liebe-weltweit.de	74
Chr. Philippinen Initiative	info@cpi-ph.de	75
Christoffel Blindenmission	info@cbm.de	76
Deutsche Indianer Pionier Mission	dipm@dipm.de	77
Deutsche Ostasienmission	info@doam.org	78
Deutsches Institut f. Ärztl. Mission	info@difaem.de	79
Dienst f. Mission, Ökum. u. Entw.	dimoe.stuttgart@elk-wue.de	80
DMG interpersonal	kontakt@dmgint.de	81
Ev. Karmelmission	info@ev-km.de	82
Ev. Mission in Solidarität	info@ems-online.org	83
Ev. Missionsschule Unterweissach	buero@missionsschule.de	84
Ev. Verein f. d. Schneller-Schule	info@ems.org	85
Ev. Jugendwerk in Württemberg	info@ejwue.de	86
Evangeliumsdienst für Israel	edi@evangeliumsdienst.de	87
Evangeliumsgem. Mittl. Osten	emo_info@yahoo.de	88
Evangeliums Rundfunk	info@erf.de	89
Freundeskreis Indon. Außeninseln	mh.baier@t-online.de	90
Frontiers	info@frontiers.de	91
Gnadauer Brasilien-Mission	gbm.holland@gmx.de	92
Herrnhuter Missionshilfe	info@herrnhuter-missionshilfe.de	93
Hilfe f. Brüder intern.	hfbi@gottes-liebe-weltweit.de	94
Hilfsaktion Märtyrerkirche	info@verfolgte-christen.org	95
indicamino	info@indicamino.de	96

Die Missionswerke finden Sie auf den folgenden Seiten:

Akademie für Weltmission (AWM)

Anzahl der Mitarbeitenden in Deutschland	26, 40 – 50 Gastdozenten
Anzahl der Mitarbeitenden im Ausland	400 Absolventen der Studienprogramme
Geographische Arbeitsschwerpunkte	weltweit
Inhaltliche Schwerpunkte	Mission, Bildungsverständnis
Jährliches Budget	1,1 Mio. Euro
Wo schlägt Ihr Herz?	Bildungsauftrag durch Qualifizieren, Leisten, Fördern

Die Akademie für Weltmission (AWM) ist ein Studienzentrum und wird getragen von beinahe 150 Missionsgesellschaften, organisiert in zwei Dachverbänden: der Arbeitsgemeinschaft Evangelikaler Missionen e.V. (Deutschland) und der Arbeitsgemeinschaft Evangelischer Missionen (Schweiz). Seit über 30 Jahren gibt es die evangelikale Ausbildung für Missionare durch die AEM.

Seit mehr als 25 Jahren wird in Partnerschaft mit der Columbia International University, USA, ein Studienprogramm im Rahmen des nordamerikanischen Bildungssystems angeboten. Die Bachelor-Studiengänge gelten als Grundausbildung, der Master of Arts als theologisches Fachstudium und der Master of Divinity als umfassende, praxisorientierte Ausbildung zum hauptamtlichen Dienst auf hohem Niveau. Ein PhD (International Theological Education) rundet das akademische Studienprogramm ab.

Neben diesem Studienprogramm besteht ein Seminarprogramm, das individuelle Weiterbildungen umfasst, u. a. zertifizierte Ausbildungen zum „Interkulturellen Coach" und „Integrationsbegleiter". Für Führungskräfte gibt es eine Fortbildung zum „Systemischen Organisationsentwickler".

2013 wurde das „Europäische Institut für Migration, Integration und Islamthemen" gegründet.

Aktion Natürliche Medizin (Anamed)

Anzahl der Mitarbeitenden in Deutschland	70
Anzahl der Mitarbeitenden im Ausland	unzählige
Geographische Arbeitsschwerpunkte	Subsahara, Indien
Inhaltliche Schwerpunkte	Malaria, Heilpflanzentherapie
Jährliches Budget	100 000 Euro
Wo schlägt Ihr Herz?	überall dort, wo Menschen leiden

Bisher steht die Gesundheitsversorgung von Entwicklungsländern auf zwei gefährlich instabilen Füßen:

Zum einen der „Fuß der traditionellen Medizin": Manchmal teuer, oft mit Zauberei behaftet, oft unhygienisch, meist ohne Beipackzettel, angeblich immer ohne Nebenwirkungen, oft mit giftigen Pflanzen in unsicherer Dosierung.

Zum andern der „Fuß der industriellen Medizin": Oftmals extrem teuer, oftmals verfälscht, meist mit einer Information, die für die Bevölkerung unverständlich ist, oftmals als Ärztemuster, oft nur für die „Reichen", oft abergläubisch verehrt.

Der Verein anamed will nun das traditionell-medizinische Wissen der Bevölkerung neu zugänglich machen; jedoch in enger Abstimmung und Zusammenarbeit mit botanischen und medizinischen Fakultäten im In- und Ausland. Die Kombination der Vorteile der traditionellen und der modernen Medizin bezeichnen wir seitdem als „natürliche Medizin": „Natürlich" sowohl im Sinne von „naturerhaltend" als auch von „selbstverständlich". Denn es sollte eigentlich selbstverständlich sein, dass ein Land seine lokalen Ressourcen zur Gesunderhaltung erforscht und einsetzt.

In der WAW sind wir Mitglied, da wir uns an Jesus orientieren: „Gebt ihr ihnen zu essen", sagt Jesus zu seinen Jüngern angesichts von 5000 fehlenden Abendessen. Dadurch wird mit geringsten Mitteln eine maximale Versorgung ermöglicht; für uns bedeutet das: Es ist unsere Aufgabe, mit den geringsten Mitteln vor Ort eine maximale Gesundheitsversorgung zu erreichen.

Albrecht-Bengel-Haus (ABH)

Anzahl der Mitarbeitenden in Deutschland	10
Anzahl der Mitarbeitenden im Ausland	0
Geographische Arbeitsschwerpunkte	–
Inhaltliche Schwerpunkte	Biblische Theologie, zentr. Spiritualität
Jährliches Budget	1 Mio. Euro
Wo schlägt Ihr Herz?	Aufbau von lebendigen Gemeinden, vornehmlich innerhalb der Landeskirche

Das Albrecht-Bengel-Haus (ABH) ist ein Studienhaus für Evangelische Theologiestudierende. Es wurde 1969 gegründet und steht in der Tradition des württembergischen Pietismus. Getreu dem Anliegen Johann Albrecht Bengels soll das Bengelhaus ein Ort sein, an dem wissenschaftliche Theologie, persönliche Frömmigkeit, gemeinschaftliches Leben und praktisch-missionarischer Dienst zueinander finden. Studium und Leben sollen sich gegenseitig befruchten; Theologie soll im Horizont des Glaubens und der Gemeinde verortet sein. Im Bengelhaus ist Platz für 100 Studierende. Die meisten davon kommen aus Württemberg. Eine Besonderheit des Bengelhauses ist die sog. „Internationale ABH-Forschungsgemeinschaft". Dazu zählen etwa 10 – 15 internationale Studenten, die entweder in Tübingen promovieren, um dann anschließend in ihrer Heimatkirche bzw. an einer internationalen Universität tätig zu sein, oder sich direkt auf den Missionsdienst vorbereiten.

Seit seiner Gründung sind ca. 750 Absolventen und Absolventinnen aus dem Bengelhaus hervorgegangen. Diese sind inzwischen als Pfarrerinnen und Pfarrer „Lehrerinnen und Lehrer" besonders in Württemberg, aber auch deutschlandweit und international tätig.

Basler Mission – Deutscher Zweig (BMDZ)

Anzahl der Mitarbeitenden in Deutschland	7
Anzahl der Mitarbeitenden im Ausland	17 (Mission 21)
Geographische Arbeitsschwerpunkte	Afrika, Südsudan, Nigeria, Kamerun, Asien, Indonesien, China, Malaysia, Lateinamerika, Bolivien
Inhaltliche Schwerpunkte	Bildungsarbeit, Projektförderung
Jährliches Budget	800 000 Euro
Wo schlägt Ihr Herz?	Begegnung mit Christinnen und Christen aus den Partnerkirchen

„Mission moves – Mission bewegt". Diese Erfahrung machen wir seit dem Jahre 1815, als die ersten Basler Missionare sich nach Afrika und Asien auf den Wege machten, um das Evangelium von Jesus Christus zu verkündigen. Die Verbindung von Wort und Tat war von Anfang an das Besondere dieser Arbeit. 2015 feiern wir nun das 200-jährige Jubiläum.

Heute ist die Basler Mission (BMDZ) als Trägerverein von „Mission 21 – evangelisches Missionswerk Basel" Teil einer weltweiten Bewegung. Die BMDZ bildet eine Brücke zur Schwesterorganisation in Basel und zur Evangelischen Mission in Solidarität (EMS) in Deutschland. Als BMDZ setzen wir uns besonders für die medizinische Versorgung benachteiligter Menschen ein sowie für Gemeindeentwicklung, Armutsbekämpfung und theologische, schulische und berufliche Bildung in Afrika, Asien und Lateinamerika. Das friedliche Zusammenleben von Menschen verschiedener Religionszugehörigkeit ist uns dabei ein besonderes Anliegen. Es gilt, das Evangelium in den jeweiligen Kulturen und in der Gegenwart anderer Religionen zu leben.

Chinesische Missionsgemeinschaft Deutscher Zweig e.V. (CMG)

Anzahl der Mitarbeitenden in Deutschland	Ehrenamtliche Mitarbeitende
Anzahl der Mitarbeitenden im Ausland	–
Geographische Arbeitsschwerpunkte	Südostasien, China, Hongkong, Macao, Taiwan, Thailand, Singapur, Malaysia, Philippinen, Myanmar, Indonesien, Kanada und USA
Inhaltliche Schwerpunkte	Verbreitung des Evangeliums in Verkündigung und Diakonie; Diakonisches Arbeiten im Bau und Unterstützung von Waisenhäusern, Altenheimen und der Katastrophenhilfe
Jährliches Budget	15 000 Euro
Wo schlägt Ihr Herz?	Philippinen, Macao, Provinz Guangdong

Die Chinesische Missionsgemeinschaft Deutscher Zweig e.V. (CMG) ist eine überdenominationelle chinesische Missionsgemeinschaft, die 1947 durch Andrew Gih in Shanghai gegründet wurde. Sie ist eine christliche Non-Profit Organisation. Die Zentrale hat ihren Sitz in Monterey Park, CA, USA (ECF-Evangelize China Fellowship).

Das Global Communication Center der ECF in Amerika hat die Geschichte der Kirchen in China dokumentiert. Es ist eine Reihe von Filmen entstanden, die in bewegenden Dokumenten von den Tiefen und auch den Höhen der Geschichte der christlichen Gemeinden im vergangenen Jahrhundert zeugen. Das hervorragende amerikanische Material sollte übersetzt werden, um es auch in unseren Gemeinden in Württemberg noch besser verwenden zu können.

Christliche Fachkräfte International e.V. (CFI)

Anzahl der Mitarbeitenden in Deutschland	10 Vollzeit, 5 Teilzeit
Anzahl der Mitarbeitenden im Ausland	59
Geographische Arbeitsschwerpunkte	Weltweit, vorwiegend Afrika, Asien, Südamerika und Europa
Inhaltliche Schwerpunkte	Wir entsenden weltweit Fachkräfte in die Entwicklungszusammenarbeit
Jährliches Budget	–
Wo schlägt Ihr Herz?	Unsere Mitarbeiter investieren in Menschen und geben neue Perspektiven. Als Entwicklungsdienst wollen wir Gottes Liebe weltweit weitertragen.

Christliche Fachkräfte International e.V. (CFI) entsendet weltweit Fachkräfte, die einheimische evangelische Kirchen und christliche Organisationen in ihrem Dienst vor Ort unterstützen. Schwerpunkt ist die Förderung und Ausbildung einheimischer Mitarbeiter. Seit 1985 sind wir ein staatlich anerkannter Entwicklungsdienst. Unsere Mitarbeiter sind beruflich hoch qualifiziert und haben sich bewusst für ein Leben mit Jesus Christus entschieden. Wir sind in Projekten der Entwicklungszusammenarbeit unter anderem in den Bereichen Landwirtschaft, Gesundheit, technische und handwerkliche Ausbildung, Beratung und Bildung tätig. Von Anfang an haben wir darauf geachtet, keine eigenen Positionen zu initiieren, sondern in enger, ehrlicher Kommunikation mit den Partnern herauszufinden, wie wir am besten zusammenarbeiten können.

Christliche Philippinen Initiative (CPI) e.V.

Anzahl der Mitarbeitenden in Deutschland	20 Ehrenamtliche
Anzahl der Mitarbeitenden im Ausland	25 Hauptamtliche
Geographische Arbeitsschwerpunkte	Metropolregion Manila, Philippinen
Inhaltliche Schwerpunkte	Straßenkindern eine Heimat geben; Bildung und Stärkung von Kindern und Familien
Jährliches Budget	180 000 Euro
Wo schlägt Ihr Herz?	Unterstützung aller Kinder

Die Christliche Philippinen Initiative e.V. (CPI) gibt Kindern Hoffnung durch ein Straßenkinderheim in der Mega-City Manila auf den Philippinen. Dort finden bis zu 25 Straßenkinder eine neue Heimat, werden mit allem notwendigen versorgt und bekommen Zuwendung durch liebevolle Sozialarbeiter. Hoffnung bekommen auch über 240 Kinder aus armen Familien, denen durch Schulpatenschaften der Besuch einer Schule und eine Ausbildung ermöglicht wird. Dadurch haben sie und ihre Familien die Möglichkeit, dem Elend zu entkommen. Hoffnung bekommen darüber hinaus viele Kinder und Jugendliche, die in unser Life Center neben einer Müllhalde in einem Slumgebiet kommen. Dort dürfen sie Kind sein, können ihre Nöte mit den Mitarbeitern besprechen und bekommen vielerlei Angebote, die unserer Jugendarbeit hierzulande ähnlich sind. Ziel ist nicht nur die Verbesserung der Lebensumstände der Kinder und ihrer Familien, sondern auch die Anbindung an eine christliche Gemeinde, die ggf. auch vor Ort neu gegründet wird. Entstanden ist die CPI vor über 20 Jahren; seither ist sie stetig gewachsen.

Christoffel-Blindenmission (CBM)

Anzahl der Mitarbeitenden in Deutschland	214
Anzahl der Mitarbeitenden im Ausland	57 Expatriates
Geographische Arbeitsschwerpunkte	Afrika, Asien, Lateinamerika
Inhaltliche Schwerpunkte	Verhinderung von vermeidbarer Behinderung, besonders Blindheit und Sehbehinderung, medizinische Hilfe und Rehabilitation mit Behinderung; Inklusion
Jährliches Budget	62 Mio. Euro
Wo schlägt Ihr Herz?	Armutsbekämpfung, den Kreislauf aus Armut und Behinderung durchbrechen, Inklusion

Die Christoffel-Blindenmission (CBM) ist die weltweit größte Organisation im Bereich der Blindheitsverhütung und Blindenheilung. Sie sieht ihre Aufgabe darin, das Leben von Menschen mit Behinderungen in Entwicklungsländern zu verbessern und zu helfen, Behinderungen zu vermeiden und Barrieren abzubauen.

Derzeit fördert die christliche Entwicklungshilfeorganisation weltweit in rund 73 Ländern 714 Projekte. Das sind zum Beispiel Augen- oder Ohrenkliniken, Rehabilitationsdienste für körperbehinderte Menschen, Schulen für Hörgeschädigte oder Ausbildungsstätten für medizinisches Personal. Mehr als 31 Millionen Menschen hat die CBM im Jahr 2012 in Entwicklungsländern gefördert, behandelt oder betreut.

Die CBM ist von der Weltgesundheitsorganisation (WHO) als Fachorganisation anerkannt und erhält seit Jahren regelmäßig vom Deutschen Zentralinstitut für Soziale Fragen das Spendensiegel.

Deutsche Indianer Pionier Mission e.V. (DIPM)

Anzahl der Mitarbeitenden in Deutschland	30
Anzahl der Mitarbeitenden im Ausland	50
Geographische Arbeitsschwerpunkte	Brasilien, Paraguay und Deutschland
Inhaltliche Schwerpunkte	Verkündigung des Evangeliums von Jesus Christus, medizinische Betreuung, Bildungsarbeit, Evangelisations-, Gemeinde- und Kinderwochen in Deutschland
Jährliches Budget	2,5 Mio. Euro
Wo schlägt Ihr Herz?	Die Unterweisung in biblischer Lehre, die Befähigung zum Gemeindebau und Hilfe in existentiellen Nöten sind elementare Bestandteile unserer Missionsarbeit in Wort und Tat

Wir arbeiten mit ca. 40 deutschen und zehn einheimischen Mitarbeitern unter verschiedenen indigenen Völkern in Brasilien und Paraguay. Die Verkündigung des Evangeliums von Jesus Christus, eine gute medizinische Betreuung, die Anleitung in landwirtschaftlicher Arbeit und die Alphabetisierung und Weiterbildung der Indigenen sind Schwerpunkte unserer Arbeit. Ein Evangelisationsteam in Deutschland führt in Zusammenarbeit mit Gemeinden vor Ort Evangelisations-, Gemeinde- und Kinderwochen durch. Sieben Mitarbeiter arbeiten ständig in Ostdeutschland. Die Deutsche Indianer Pionier Mission e.V. (DIPM) ist Mitglied der AEM.

Deutsche Ostasienmission (DOAM)

Anzahl der Mitarbeitenden in Deutschland	Ehrenamtliche Mitarbeiter
Anzahl der Mitarbeitenden im Ausland	–
Geographische Arbeitsschwerpunkte	Japan und China
Inhaltliche Schwerpunkte	Förderung von interkulturellem Lernen und christlichen Lebensformen in einem multireligiösen Kontext. Leben. Solidarität mit den Benachteiligten und Einsatz für Demokratie, Menschenrechte und Gerechtigkeit.
Jährliches Budget	–
Wo schlägt Ihr Herz?	Dialog und Begegnung in Ostasien und in Deutschland.

Als einzige Missionsgesellschaft hat die Deutsche Ostasienmission (DOAM) von Anbeginn eine liberale Theologie vertreten, die sich durch eine Offenheit auch anderen Religionen gegenüber auszeichnet. Schon in ihrer allerersten Satzung (1884) war als ein Zweck „die Förderung des Studiums der nichtchristlichen Religionen" genannt. Sie suchte bewusst das Gespräch mit anderen Kulturen und Religionsgemeinschaften und hat so praktiziert, was heute als interreligiöser Dialog bekannt ist. Tätig war die Ostasienmission vor allem in Japan und China. Seit den 1970er-Jahren bestehen auch enge Beziehungen nach Korea.

Ein Schwerpunkt der Arbeit der DOAM ist ihre Solidarität mit den Benachteiligten und ihr Einsatz für Demokratie, Menschenrechte und Gerechtigkeit. Mehrere internationale Symposien zu Frieden und Versöhnung u.a. in Korea und Japan wurden durchgeführt.

Die DOAM ist Gründungsmitglied der Evangelischen Mission in Solidarität (EMS) und des Berliner Missionswerkes. Durch sie und in Zusammenarbeit mit der DOAM werden weitere Aktivitäten durchgeführt, u.a. ein beidseitiger Mitarbeiteraustausch, ein interreligiöses Studienprogramm in Japan und Freiwilligeneinsätze in Ostasien oder Deutschland, bei denen junge Menschen die jeweils andere Kultur und kirchliche Praxis kennen lernen.

Deutsches Institut für Ärztliche Mission e.V. (Difäm)

Difäm
Gesundheit in
der Einen Welt

Anzahl der Mitarbeitenden in Deutschland	24
Anzahl der Mitarbeitenden im Ausland	–
Geographische Arbeitsschwerpunkte	Kenia, Malawi, demokr. Republik Kongo, Tschad, Indien und Papua- Neuguinea, Liberia, Sierra Leone
Inhaltliche Schwerpunkte	Aufbau nachhaltiger Gesundheitssysteme, Förderung der Gesundheit von Müttern und Kindern, Gesundheitsversorgung für die Benachteiligten unserer Zeit
Jährliches Budget	3 Mio. Euro
Wo schlägt Ihr Herz?	Eine Welt, in der Gesundheit verwirklicht und Gottes heilendes Handeln sichtbar wird. Das ist eine Welt, in der alle Menschen die bestmögliche Gesundheitsversorgung bekommen.

Als Organisation für weltweite christliche Gesundheitsarbeit nehmen wir besonders Benachteiligte wie HIV-Positive, Menschen mit Behinderungen oder die an vernachlässigten und armutsbedingten Krankheiten Leidenden in den Blick. Wir treten öffentlich für das Recht auf Gesundheit ein.

Seit über 100 Jahren begleiten wir christliche Kirchen und lokale Partnerorganisationen in der Planung und Durchführung von Gesundheitsprojekten durch fachliche Beratung und unterstützen sie auch finanziell. Die Difäm-Arzneimittelhilfe sichert den Zugang zu Medikamenten und stärkt pharmazeutische Strukturen vor Ort, zum Beispiel durch Ausbildung pharmazeutischer Fachkräfte.

Due Arbeitsgruppe Bildung bereitet medizinisches Personal und Fachkräfte der Entwicklungszusammenarbeit in Seminaren auf Einsätze im Ausland vor. Als Träger der Akademie für Globale Gesundheit und Entwicklung (AGGE) kooperiert das Difäm im Bereich der Ausbildung medizinischer Fachkräfte mit dem Missionsärztlichen Institut in Würzburg und der Universität Heidelberg. Das Difäm ist Träger der Tropenklinik Paul-Lechner-Krankenhaus in Tübingen.

Dienst für Mission, Ökumene und Entwicklung (DiMOE)

Anzahl der Mitarbeitenden in Deutschland	16
Anzahl der Mitarbeitenden im Ausland	keine
Geographische Arbeitsschwerpunkte	weltweit
Inhaltliche Schwerpunkte	Bildungsarbeit zu den Themen „Mission, Ökumene und Entwicklung"
Jährliches Budget	Vgl. DiMOE-Budget im Landeskirchlichen Haushalt
Wo schlägt Ihr Herz?	Wir wollen die Stimmen unserer Geschwister rund um den Globus hörbar machen und internationale Themen in unsere Kirche und Gesellschaft hineintragen

Als 1968 der Dienst für Mission, Ökumene und Entwicklung ins Leben gerufen wurde, bekam er den Auftrag, die Welt in den Blick zu nehmen und die Stimmen unserer Geschwister in den Partnerkirchen rund um den Globus nach Württemberg zu tragen. Der Ruf nach „Gerechtigkeit und Frieden", nach „wirtschaftlicher und sozialer Weltentwicklung" forderte unsere Kirche zum Handeln auf. In Württemberg verband sich die Missionsarbeit der Landeskirche mit dem Kirchlichen Entwicklungsdienst und so entstand die Trias aus Mission, Ökumene und Entwicklung. Als Bildungseinrichtung arbeitet der DiMOE von Stuttgart, Ulm, Heilbronn und Reutlingen aus und ist Kooperationspartner für ganz unterschiedliche Veranstaltungsformate zu internationalen Themen in Gemeinden, Schulen und Kommune.

Zum Team gehören Pfarrerinnen und Pfarrer mit Auslandserfahrungen und Fachkenntnissen zu einzelnen Länder- und Themenschwerpunkten und vier ökumenische Mitarbeitende aus dem Ausland. Ob aus Chile, Ghana, Korea, Weißrussland, der DiMOE hat als einzige Diensteinheit der Landeskirche das Privileg, mit Menschen aus unterschiedlichen Kulturen und Denominationen zusammenzuarbeiten. Eine Lerngemeinschaft par excellence und ein interkulturelles Team für die Bildungsarbeit vor Ort.

DMG interpersonal e.V. DMG

Anzahl der Mitarbeitenden in Deutschland	71
Anzahl der Mitarbeitenden im Ausland	320
Geographische Arbeitsschwerpunkte	in 78 Ländern auf allen Kontinenten
Inhaltliche Schwerpunkte	Jesus verkündigen; Glauben stärken, Gemeinden unterstützen
Jährliches Budget	etwa 11 Mio. Euro
Wo schlägt Ihr Herz?	Gott ehren, Gebet, Partnerschaft

Die DMG interpersonal e.V. ist eine Dienstgemeinschaft von ca. 400 Mitarbeitern in 78 Ländern; gemeinsam wollen wir Gott verherrlichen, das Evangelium in Wort und Tat verkündigen und Völker mit Gottes Liebe beschenken. Wir sind überzeugt, dass Gott selbst der Ursprung, Herr und Ziel der Mission ist: missio dei. Er wirkt kraftvoll in der Welt und will uns Menschen darin einbeziehen. Dafür hat er sich seine Gemeinde in der Welt berufen. Wir verstehen uns als Diener von sendenden Gemeinden in Deutschland und arbeiten im Einsatzland stets mit lokalen Partnern zusammen. Gegenwärtig sind dies 106 einheimische Kirchen, int. Missionswerke und lokale Initiativen. Gemeinsam sind wir unterwegs und bleiben stets Lernende – sowie offen für Gottes Überraschungen. Diese Partner bitten um etliche neue Mitarbeiter für spezielle Aufgaben.

Besonders am Herzen liegen uns die Völker, in denen große Not herrscht: materiell, sozial und geistlich, d.h. in denen Jesus noch nicht bekannt (Röm 15,20) bzw. die Gemeinde noch schwach ist.

Das Gebet hat für uns zentrale Bedeutung: Gott loben, wer ER ist; ihm danken für seine Gnade; auf ihn hören, was er zu sagen hat und jetzt in der Welt tun will; die eigene Bedürftigkeit bekennen, die Anliegen der Welt in der Fürbitte vor ihn bringen.

Gemeinsam sehnen wir uns nach dem Tag, an dem alle Völker vor dem Thron Gottes erscheinen, um ihn anzubeten (Off 7,9), der alleine würdig ist all unserer Hingabe und Lobpreis.

Evangelische Karmelmission (KM)

Anzahl der Mitarbeitenden in Deutschland	30
Anzahl der Mitarbeitenden im Ausland	200
Geographische Arbeitsschwerpunkte	Islamische Welt
Inhaltliche Schwerpunkte	Mission unter Muslimen, Schriftenmission, Fernbriefbibelkurs für interessierte Muslime, Radio- und Internetmission, Hilfe in Kriegs- und Krisenregionen, Flüchtlingsarbeit, Hilfe für Flutopfer, Blindenhilfe, Polikliniken, Witwen- und Waisenhilfe, Landwirtschaftliche Entwicklungsprojekt, Hilfe für verfolgte Christen
Jährliches Budget	Finanziert ihre Aufgaben aus Opfern und Spenden
Wo schlägt Ihr Herz?	Dass das Menschenrecht, Jesus Christus kennenlernen zu dürfen, auch in der islamischen Welt akzeptiert wird.

Die Evangelische Karmelmission (KM) unterhält Regionalbüros in 20 Ländern mit mehr als 200 einheimischen Mitarbeitern. Diese leisten humanitäre Hilfe vor Ort in Kriegs- und Krisengebieten. Mit der Herausgabe christlicher Literatur für Muslime in 43 verschiedenen Sprachen ist sie weltweit einer der größten Fachverlage. Sitz der Missionszentrale ist Schorndorf bei Stuttgart.

Die Karmelmission wurde 1904 im Heiligen Land durch schwäbische Siedler in Haifa gegründet. Ihr Anliegen war, Muslime mit dem Evangelium von Jesus Christus zu erreichen.

Die Evangelische Karmelmission ist eine Gebetsbewegung mit Missionsfreunden aus Deutschland, der Schweiz und Österreich, und hat das Ziel, Muslime in der islamischen Welt mit dem Evangelium zu erreichen. In Zusammenarbeit mit einheimischen Kirchen und Bibelschulen führt sie weltweit auch Schulungsseminare für Pastoren und Evangelisten durch. Ihr Motto steht im Jakobusbrief Kapitel 5,16: „Das Gebet eines Gerechten vermag viel, wenn es ernstlich ist."

Evangelische Mission in Solidarität (ems)

Anzahl der Mitarbeitenden in Deutschland	42 in der Geschäftsstelle und 8 Freiwillige aus Übersee in den deutschen Kirchen
Anzahl der Mitarbeitenden im Ausland	4
Geographische Arbeitsschwerpunkte	Mitgliedskirchen in Indonesien, Japan, Korea, Indien, Jordanien, Palästina, Libanon, Syrien, Ghana und Südafrika
Inhaltliche Schwerpunkte	Kinder- und Jugendförderung. Förderung der theologischen Ausbildung und der kirchlichen Bildungsarbeit. Unterstützung von Förderung und Integration von Menschen mit Behinderungen. Pastorale und missionarische Arbeit. Einsatz für Frieden und Verständigung der Religionen. Vernetzung der kirchkichen Arbeit in Deutschland, Afrika, Nahost und Asien u. a. durch Frauen- und Jugendarbeit.
Jährliches Budget	ca. 7 Mio. Euro
Wo schlägt Ihr Herz?	An jedem Tag des Monats beten wir weltweit für eine unserer Mitgliedskirchen und deren Anliegen.

Die Evangelische Mission in Solidarität (EMS) ist ein internationales Werk mit Sitz in Stuttgart. 28 Kirchen und Missionsgesellschaften aus Asien, dem Nahen Osten, Afrika und Europa arbeiten in der EMS gleichberechtigt zusammen, um „das Evangelium von Jesus Christus am jeweiligen Ort auf einladende und glaubwürdige Weise" zu bezeugen (Theologische Leitlinien der EMS). Wir beten füreinander, engagieren uns für gemeinsame Themen und Programme und entsenden Freiwillige und Mitarbeitende. In der Gemeinschaft bringen wir Mittel für die Förderung von Projekten auf. Diese Projekte dienen oft dem Ausbau der pastoralen Arbeit der Kirchen. Oft schieben sie neue Initiativen oder Gemeindegründungen an. Andere greifen da an, wo Menschen Hilfe brauchen oder Förderung erfahren sollen.

Evangelische Missionsschule Unterweissach der Bahnauer Bruderschaft

Anzahl der Mitarbeitenden in Deutschland	320
Anzahl der Mitarbeitenden im Ausland	13
Geographische Arbeitsschwerpunkte	Deutschland. Einige in Österreich und in der Schweiz, in Lateinamerika und in der internationalen Studentenarbeit
Inhaltliche Schwerpunkte	Die Bruderschaft lebt aus der Rechtfertigung des Gottlosen. Die Evang. Missionsschule Unterweissach ist missionarisch-diakonisch ausgerichtet. Immer geht es darum, eine biblische Theologie mit Luther und dem Pietismus ins Gespräch zu bringen.
Jährliches Budget	800 000 Euro
Wo schlägt Ihr Herz?	Hand, Herz und Kopf zugleich entwickeln

Die Wurzeln der Evangelischen Missionsschule Unterweissach liegen in dem kleinen Ort Bahnau an der polnisch-russischen Grenze. Dort wurde sie 1906 gegründet. Nach den Kriegswirren kam es 1948 in Unterweissach bei Backnang zu einem Neuanfang. Die Evang. Missionsschule Unterweissach ist eine Ausbildungsstätte für unterschiedlichste Berufe wie Jugendreferent/-in, Gemeindediakon/-in, Prediger/-in, Missionar/-in, Religionslehrer/-in u.a. Dafür lassen sich jährlich ca. 10 Frauen und Männer ausbilden. Sie kommen aus ganz Deutschland und sind zwischen 19 und 35 Jahre alt. In dem 4-jährigen Ausbildungsgang werden theologische, seelsorgerliche, psychologische und pädagogische Kenntnisse und Kompetenzen erworben. Unterricht und gemeinsames Leben zielen auf ein eigenständiges Verstehen des Glaubens und eine lebendige Spiritualität. Es geht um praxisorientiertes Wissen und um reflektierte Praxis. Zum gemeinsamen Leben an der Schule gehört auch praktisches Arbeiten. Die Ausbildung gewinnt ihre Qualität durch Dozenten/-innen, die Glauben und Denken, Theorie und Praxis miteinander verbinden. Die Bahnauer Bruderschaft, zu der ca. 500 Mitglieder gehören, ist Trägerin der Evangelischen Missionsschule.

Evangelischer Verein für die Schneller-Schulen (EVS)

Anzahl der Mitarbeitenden in Deutschland	250
Anzahl der Mitarbeitenden im Ausland	4
Geographische Arbeitsschwerpunkte	Libanon (Khirbet Kanafar, Bekaa-Ebene) und Jordanien (Amman)
Inhaltliche Schwerpunkte	Bildung und Erziehung für benachteiligte Kinder und Jugendliche
Jährliches Budget	ca. 700 000 Euro
Wo schlägt Ihr Herz?	Einem Kind einen Weg für die Zukunft ebnen – eine nachhaltige Investition in die Zukunft von Menschen. Sie bekommen damit eine Chance, ihr Leben später selbst zu gestalten und am Aufbau einer friedlichen Zukunft im Nahen Osten mitzuwirken.

An den Schneller-Schulen im Libanon und in Jordanien leben christliche und muslimische Kinder, Jungen und Mädchen. Die meisten kommen aus armen und zerrütteten Familien. Die Schneller-Schulen geben den Kindern und Jugendlichen eine Perspektive für die Zukunft. Diese erhalten eine solide Schulausbildung, manche lernen noch ein Handwerk in den Werkstätten.

Toleranz und gegenseitiger Respekt werden an den Schneller-Schulen großgeschrieben. Im alltäglichen Zusammenleben lernen die Kinder, die Religion des jeweils anderen zu achten. Beide Schulen stehen in der Tradition des Syrischen Waisenhauses, das der schwäbische Lehrer Johann Ludwig Schneller 1860 in Jerusalem gegründet hat. Er nahm Waisenkinder auf, ohne nach der Religion zu fragen. Seine Arbeit stand unter dem Motto: „Damit sie in Ehren ihr Brot verdienen". Nach Schließung des Syrischen Waisenhauses im Zweiten Weltkrieg führten die beiden Schneller-Schulen diese Aufgabe fort.

Der EVS hat sich in den vergangenen Jahrzehnten vom Träger- zum Förderverein der Schulen im Libanon und in Jordanien gewandelt.

ejw Evangelisches Jugendwerk in Württemberg (EJW)

Anzahl der Mitarbeitenden in Deutschland	3 Hauptamtliche, ca. 80 Ehrenamtliche
Anzahl der Mitarbeitenden im Ausland	4 Freiwillige (Slowakei)
Geographische Arbeitsschwerpunkte	Äthiopien, Eritrea, Palästina/Israel, Nigeria, Rumänien, Slowakei, Sudan
Inhaltliche Schwerpunkte	Bildung, Gesundheit, Nahrung, Stärkung der Struktur,Verbreitung des Evangeliums, internationale Jugendbegegnung
Jährliches Budget	1 Mio. Euro
Wo schlägt Ihr Herz?	Jesus Christus ist das Fundament, das Begegnungen tragfähig und Gemeinschaft im Glauben erlebbar macht. Darum lebt der EJW-Weltdienst Beziehungen und Partnerschaftenauf Augenhöhe.

Das Evangelische Jugendwerk Württemberg (EJW) arbeitet selbstständig im Auftrag der Evangelischen Landeskirche in Württemberg. Als Mitglied der aej (Arbeitsgemeinschaft Evangelische Jugend) und des CVJM-Gesamtverbandes in Deutschland e.V. unterhält das EJW Kontakte und Partnerschaften zur weltweiten YMCA-Gemeinschaft. Der EJW-Weltdienst, ein Arbeitsbereich des EJW, ist für diese Kontakte zuständig. Er entstand 2010 aus dem CVJM-Weltdienst und der Ökumenisch Internationalen Jugendarbeit (ÖkiA). Beide haben eine über 50-jährige Tradition in Württemberg.

Durch seine Partnerschaften hilft der EJW-Weltdienst Menschen, Kirchen und Verbänden in den Partnerländern – durch finanzielle Ressourcen, aber auch durch konkrete Entwicklungszusammenarbeit. Darüber hinaus ist der EJW-Weltdienst aktiv in der Ökumene tätig und arbeitet mit an der Verkündigung und Verbreitung des Evangeliums. Der EJW-Weltdienst hat eine Querschnittsaufgabe, die in die Arbeitsbereiche des ejw hineinwirkt. Durch die Vernetzung mit den Bezirksjugendwerken und den CVJMs ist der EJW-Weltdienst in vielen evangelischen Kirchengemeinden präsent.

Evangeliumsdienst für Israel e.V. (edi)

Anzahl der Mitarbeitenden in Deutschland	8
Anzahl der Mitarbeitenden im Ausland	0
Geographische Arbeitsschwerpunkte	Israel, Deutschland
Inhaltliche Schwerpunkte	Begleitung von messianischen Juden (jüdischen Menschen, die Jesus nachfolgen) in Israel und Deutschland. Die Versöhnungsarbeit unter arabischen Christen und messianischen Juden in Israel; Informationen zum Judentum, insbesondere zum messianischen Judentum
Jährliches Budget	500 000 Euro
Wo schlägt Ihr Herz?	Menschen jüdischer Abstammung sollen erfahren, dass Jesus von Nazareth ihr Messias und Erlöser ist.

Der Evangeliumsdienst für Israel e.V. (edi) ist seit seiner Gründung 1971 in der Evangelischen Landeskirche in Württemberg beheimatet, Kooperationspartner der Evangelischen Mission in Solidarität (EMS) und Teilnehmer am „Kontaktgespräch im Bereich der Evangelischen Landeskirche in Württemberg im Verhältnis von Christen und Juden engagierten Einrichtungen".

Evangelium. Das Zeugnis von Jesus, dem Messias Israels, soll in Liebe und mit Respekt unter jüdischen Menschen bekannt gemacht werden (Röm 1,16).

Dienst. Wir begleiten messianische Juden, also jüdische Menschen, die an Jesus glauben, in Israel und Deutschland in ihrem Bemühen, das Evangelium zu ihrem eigenen Volk zu bringen. Als Ausdruck praktischer Nächstenliebe finanzieren wir unterschiedliche sozial-diakonische Projekte von jüdisch-messianischen Gemeinden in Israel und Deutschland.

Israel. Friedensarbeit im Nahen Osten: Der Versöhnungsdienst „Musalaha" verbindet arabische Christen und messianische Juden zu einer partnerschaftlichen Gemeinschaft im Glauben an Jesus Christus. Ein Zeichen der Hoffnung auf Frieden.

Evangeliumsgemeinschaft Mittlerer Osten (EMO)

Anzahl der Mitarbeitenden in Deutschland	9
Anzahl der Mitarbeitenden im Ausland	9 deutsche und 100 ägyptische
Geographische Arbeitsschwerpunkte	Ägypten und Deutschland
Inhaltliche Schwerpunkte	Soziale und medizinische Arbeit, behinderte Kinder, Dorfentwicklung, Schulung, Arbeit mit Migranten
Jährliches Budget	600 000 Euro
Wo schlägt Ihr Herz?	Menschen werden durch Jesus verändert. In Verbindung mit Gott setzen wir uns für das Wohl der Gesellschaft ein.

Die Evangeliumsgemeinschaft Mittlerer Osten (EMO) bringt den Menschen im Orient und Menschen aus dem Orient, die hier bei uns leben, Gottes Liebe nahe. Wir laden sie ein in die lebensverändernde Begegnung mit Jesus Christus und verbinden dies mit sozialem Engagement. Wir arbeiten mit internationalen und lokalen Partnern vor Ort zusammen. Ein Schwerpunkt unserer Arbeit ist die ländliche Region des Regierungsbezirks Assuan (Oberägypten). Im christlich geprägten Krankenhaus „Al-Germaniyya" und ambulanten Gesundheitszentren erfahren Menschen aller Gesellschaftsschichten und Religionen ganzheitlich Hilfe. Behinderte Kinder werden in einer Kindergartengruppe fachgerecht gefördert.

Wir ermutigen zu einem besseren Miteinander mit Muslimen und zum missionarischen Zeugnis. In Deutschland unterstützen wir arabischsprachige christliche Gemeinden und fördern den Aufbau von sozial-missionarischen Projekten unter Kindern und Jugendlichen mit Migrationshintergrund. Wir wünschen uns: Menschen werden durch die Begegnung mit Jesus Christus verändert und erfahren eine vertrauensvolle Beziehung zu Gott. Sie drücken dies in einer ihrer Kultur angemessenen Weise aus und setzen sich für das Wohl ihrer Gesellschaft ein.

Evangeliums Rundfunk (ERF)

Anzahl der Mitarbeitenden in Deutschland	180
Anzahl der Mitarbeitenden im Ausland	50
Geographische Arbeitsschwerpunkte	Deutschland und weltweit (zusammen mit TWR, Carey/USA)
Inhaltliche Schwerpunkte	Verbreitung der christlichen Botschaft über Radio, Fernsehen und Internet.
Jährliches Budget	3,5 Mio. Euro
Wo schlägt Ihr Herz?	Wir möchten nichts lieber, als dass Menschen Gott kennen lernen und er ihr Leben verändert. Dafür suchen wir die besten medialen Möglichkeiten.

„Der Sender für ein ganzes Leben" – so lautet der Slogan des Evangeliums Rundfunks (ERF Medien, Wetzlar). Die Angebote des als Verein organisierten Medienunternehmens wenden sich an Junge und Alte, Kranke und Gesunde, Christen und Nichtchristen, Frauen und Männer. 1959 gegründet, verbreitet der ERF bis heute als einer der ersten Privatsender Deutschlands die christliche Botschaft über die Medien (heute über drei Radioprogramme, ein Fernsehprogramm und Internet). Der ERF ist Medienpartner verschiedener Denominationen wie z.B. der Evangelischen Kirche in Deutschland, des Bundes Freier evangelischer Gemeinden und vieler anderer. Zudem engagiert sich der ERF international. Im Nachtprogramm von ERF 1 (Fernsehen) werden u. a. der Film „Jesus" in mehr als 20 Sprachen und weitere fremdsprachige Sendungen gezeigt. Im In- und Ausland beteiligt sich der ERF finanziell an Medienprojekten. Für den deutschsprachigen Raum produziert er mehr als 20 fremdsprachige Angebote. Gemeinsam mit seinem internationalen Partner TWR verbreitet der ERF die christliche Botschaft sogar in ca. 230 Sprachen rund um den Globus.

Freundeskreis Indonesische Außeninseln e.V. (FIA)

Anzahl der Mitarbeitenden in Deutschland	6
Anzahl der Mitarbeitenden im Ausland	ca. 9
Geographische Arbeitsschwerpunkte	Zentrales Kalimantan, Ost-Bali, Donggo-Gebiet Sumbawas, Sumba
Inhaltliche Schwerpunkte	Verkündigung des Evangeliums; humanitäre Aktionen
Jährliches Budget	–
Wo schlägt Ihr Herz?	Dass Animisten und Moslems zu Jesu finden

1. Konzentriert auf den viertgrößten Staat unserer Erde – ca. 90 % Moslems, 10 % Christen, die meist auf den ärmsten Inseln im Abseits leben.

2. Evangelikal: Die Verkündigung des Evangeliums hat das Primat! Wo die Freiheit dazu besteht, werden Ausbildungsstätten, Gemeindegründungen, Reisen in vom Animismus beherrschte Dörfer unterstützt.

3. Humanitäre Aktionen stehen an zweiter Stelle: Wasserhilfe durch Tankwagen, Leitungen, Brunnen, Aufforstungen und landwirtschaftliche Beratung.

4. Regelmäßige Besuche und alle zwei Jahre Unterricht in Kulturfächern in ihren Ausbildungsstätten, Herausgabe entsprechenden Unterrichtsmaterials auf Indonesisch.

5. Direktkontakte mit etwa sechs Kirchen, deren Theologenausbildung, Gemeindeaufbau und Evangelisationsarbeit unterstützt wird.

6. Vergabe von Stipendien für Mediziner, Juristen und Pädagogen zur Förderung christlichen Lebens in der Gesellschaft. Diese werden an solche vergeben, die sich zur Rückkehr und zum Einsatz in ihrer Heimatprovinz verpflichten. Jobannahme in Ballungsgebieten oder gar im Ausland kann zum Verlust der Unterstützung führen.

Frontiers

Anzahl der Mitarbeitenden in Deutschland	7 Vollzeit, 18 Teilzeit
Anzahl der Mitarbeitenden im Ausland	ca. 100
Geographische Arbeitsschwerpunkte	Länder mit hohem Anteil an Muslimen
Inhaltliche Schwerpunkte	Ganzheitliche und nachhaltige Hilfe leisten
Jährliches Budget	ca. 2,5 Mio. Euro
Wo schlägt Ihr Herz?	Bis 2025 soll unter allen muslimischen Volksgruppen mindestens ein Gemeindegründungsteam arbeiten.

Unsere Vision: Wir respektieren Muslime, suchen ihr Bestes und dienen ihnen in Liebe. Deshalb leben Mitarbeiter von Frontiers unter Muslimen und nehmen ganzheitlich an ihrem Leben teil. Als Nachbarn, Kollegen und Freunde versuchen sie, ihnen die Liebe Jesu durch Leben, Tat und Wort näher zu bringen. Bis heute sind auf diese praktische Weise über 300 Gemeinden und Gemeinschaften von Jesusnachfolgern mit islamischem Hintergrund entstanden. Viele davon haben sich zu eigenständigen Bewegungen entwickelt.

 **Gnadauer Brasilien-Mission e.V. (GBM)**

Anzahl der Mitarbeitenden in Deutschland	1
Anzahl der Mitarbeitenden im Ausland	ca. 250
Geographische Arbeitsschwerpunkte	Südbrasilien und Paraguay
Inhaltliche Schwerpunkte	evangelistische Gemeinschaftsarbeit
Jährliches Budget	in Deutschland 300 000 – 600 000 Euro
Wo schlägt Ihr Herz?	Wir wollen, dass Menschen Jesus kennenlernen. Dazu gehört Wort und Tat.

Die Gnadauer Brasilien-Mission e.V. (GBM) arbeitet seit 1927 in Südbrasilien und Paraguay als Gemeinschaftsbewegung, die dem Gnadauer Verband angehört. Ursprünglich auf Bitte von und für deutsche Auswanderer gegründet, erreicht sie heute bis zu 14.000 Menschen mit Bibelstunden, Jugend- und Kinderkreisen und nach Absprache mit der Evangelischen Kirche Lutherischen Bekenntnisses in Brasilien (IECLB) auch durch Gottesdienste. Konsequent wurde in den vergangenen Jahrzehnten darauf geachtet, dass die Bewegung in Brasilien die rechtliche, finanzielle und personelle Eigenständigkeit hat. Dies ist heute gelungen. Finanziell hilft die GBM bei neuen Aufgaben und bei der Finanzierung der landesweiten Arbeit. Eine theologische Fakultät ermöglicht die Ausbildung sowohl von Missionarinnen und Missionaren als auch von Pfarrerinnen und Pfarrern für die dortige lutherische Kirche. In knapp 30 Bezirken sind rund 50 brasilianische Missionarinnen und Missionare angestellt. Seit Mitte der 1980er-Jahre wird in enger Verbindung zur Gemeinschafts- und Gemeindearbeit eine diakonische Arbeit aufgebaut: 5 Drogenrehazentren mit 250 Plätzen, 4 Kinderheime, 1 Kindertagesstätte und 5 Schülerhorte sind seitdem entstanden.

Herrnhuter Missionshilfe (HMH)

Anzahl der Mitarbeitenden in Deutschland	10 Hauptamtliche auf 6 Vollzeitstellen 50 regelmäßige Ehrenamtliche
Anzahl der Mitarbeitenden im Ausland	3 – 5 freiwillige Jugendliche
Geographische Arbeitsschwerpunkte	Die HMH pflegt parrtnerschaftliche Kontakte in Tansania, Malawi, Südafrika, in Surinam, Nikaragua, Honduras, Nordindien, Nepal, Albanien und Lettland, Palästina und Deutschland.
Inhaltliche Schwerpunkte	Die HMH sorgt dafür, dass die Frohe Botschaft von Jesus Christus in Wort und Tat weltweit ausgebreitet wird. Die HMH widmet sich dem Gemeindeaufbau, der Stipendiengewährung, der medizinisch-sozialen Versorgung, der technischen Unterstützung, der schulischen und beruflichen Ausbildungsmöglichkeiten für Jugendliche, sowie die Förderung von theologischen Ausbildungsstätten.
Jährliches Budget	1,35 bis 1,5 Mio. Euro
Wo schlägt Ihr Herz?	Die HMH möchte in der weltweiten Brüder-Unität über bestehende und neue Missionsaufgaben beraten und vor allem junge Leute für die Belange von Mission und weltweiter Kirche gewinnen.

Die Herrnhuter Missionshilfe (HMH) ist die Missionsorganisation der Evangelischen Brüder-Unität – Herrnhuter Brüdergemeine in Deutschland. Die HMH arbeitet nach dem Leitbild „miteinander glauben – voneinander lernen – füreinander einstehen".

Ordentliche Mitglieder der HMH sind die Evangelische Brüder-Unität als Kirche sowie ihre 16 Gemeinden in Deutschland. Darüber hinaus kann jede natürliche und juristische Person Fördermitglied der HMH werden.

Die HMH steht in den Traditionen der Herrnhuter Mission, deren Anfänge bis in das Jahr 1732 zurückreichen.

Hilfe für Brüder International (HFB)

Anzahl der Mitarbeitenden in Deutschland	10 Vollzeit, 5 Teilzeit
Anzahl der Mitarbeitenden im Ausland	59
Geographische Arbeitsschwerpunkte	Weltweit. Vorwiegend Afrika, Asien, Süd- amerika und Europa
Inhaltliche Schwerpunkte	Wir entsenden weltweit Fachkräfte in die Entwicklungszusammenarbeit.
Jährliches Budget	–
Wo schlägt Ihr Herz?	Unsere Mitarbeiter investieren in Men- schen und geben neue Perpektiven. Als Entwicklungsdienst wollen wir Gottes Liebe weltweit weitertragen.

Wir unterstützen weltweit christliche Initiativen durch finanzielle Hilfe. Ganz praktisch stärken wir bewährte christliche Eigeninitiativen in Afrika, Asien und Südamerika. Wir arbeiten stets mit einheimischen Partnern vor Ort zusammen. Sie kennen Land und Leute am besten. Wir machen Mut zur Selbsthilfe. Doch materielle Hilfe allein kann nicht genügen. Menschen brauchen das Evangelium von Jesus, denn: der Mensch lebt nicht vom Brot allein. Uns ist es wichtig, die Situationen und Anliegen unserer Partner im Gebet vor Gott zu bringen, ganz besonders auch die von bedrängten und verfolgten Christen. In vielen Ländern sind Christen eine schwindende Minderheit, unterdrückt und rechtlos. Wir wollen sie stärken. Ebenso wollen wir den Menschen helfen, denen sonst niemand hilft. Durch Bürgerkriege, Wirtschaftskrisen und Inflation sind viele evangelische Kirchen in Entwicklungsländern unvorstellbar verarmt. Nothilfe, Seelsorge, Diakonie und Mission werden bei unseren Projekten nicht auseinandergerissen. In Hunger und Elend, Armut und Krankheit soll diese Hilfe ein Zeugnis von Jesus sein.

Hilfsaktion Märtyrerkirche (HMK)

Anzahl der Mitarbeitenden in Deutschland	16
Anzahl der Mitarbeitenden im Ausland	1–2 Erwachsene im Kurzeinsatz
Geographische Arbeitsschwerpunkte	ca. 30 Länder, Nordafrika, Mittlerer- und Naher Osten und Zentralasien
Inhaltliche Schwerpunkte	Die HMK unterstützt einzelne Christinnen sowie Gemeinden und Kirchen, die um Ihres Glaubens willen bedrängt oder verfolgt werden.
Jährliches Budget	2,5 Mio. Euro
Wo schlägt Ihr Herz?	Helfen, wo Christen leiden

Die Hilfsaktion Märtyrerkirche (HMK) unterstützt verfolgte Christen auf der ganzen Welt. Mit unterschiedlichen Projekten weltweit leisten wir konkrete Hilfe. Außerdem schaffen wir Kontakt zwischen der freien und der bedrängten Kirche. Denn wir sind davon überzeugt, dass wir uns als Christen gegenseitig helfen und zu einem starken Glauben ermutigen können. Dabei geschieht weltweit etwas Großartiges: Das Evangelium von Jesus Christus zieht immer weitere Kreise.

Unser Hilfs- und Missionswerk besteht seit über 45 Jahren. Die Arbeit geht auf den rumänischen Pfarrer Richard Wurmbrand zurück, der vor 70 Jahren seine Stimme mutig erhob und aufgrund seines christlichen Bekenntnisses verfolgt wurde und insgesamt 14 Jahre inhaftiert war. Nachdem er das kommunistische Rumänien verlassen konnte, machte er auf das Schicksal verfolgter Christen aufmerksam. Wir arbeiten mit zahlreichen internationalen Hilfsorganisationen für verfolgte Christen zusammen. Wir sind überzeugt, dass der Einsatz für verfolgte Christen eine der wichtigsten Aufgaben der freien Kirchen ist.

 **indicamino**

Anzahl der Mitarbeitenden in Deutschland	2,25
Anzahl der Mitarbeitenden im Ausland	112
Geographische Arbeitsschwerpunkte	Südamerika: Peru, Bolivien und Kolumbien
Inhaltliche Schwerpunkte	Theologische Ausbildung von Pastoren und einheimischen Leitern. Praktische Ausbildungsgänge für Einheimische. Alphabetisierungskurse für Frauen und Kinder, Näh- und Handarbeitskurse, Hygieneunterricht. Gemeindebau: Begleiten und unterstützen der einheimischen Gemeinden. Soziale Hilfe: verschiedene Projekte, um den Menschen ganzheitlich zu helfen.
Jährliches Budget	600 000 Euro
Wo schlägt Ihr Herz?	„Mit Südamerikanern das Evangelium leben" (ganzheitlich), Hilfe zur Selbsthilfe geben, Ausbilden von einheimischen Leitern als Multiplikatoren, sozial-diakonische Hilfsprojekte in Randgruppen

indicamino wurde 1956 unter dem Namen „Schweizer Indianer-Mission" (SIM) gegründet. Es begann mit dem Aufbau des ersten Ausbildungszentrums „Cashibo" im peruanischen Tiefland. Später folgten die Zentren Huánuco und Lima. Weitere Stationen wurden 1976 in Bolivien und 1996 in Kolumbien eröffnet. Schon von Anfang an war die Zusammenarbeit mit der einheimischen Kirche wichtig. Durch die zunehmende Zahl deutscher Mitarbeiter entstanden 1975 der deutsche Verein und die Geschäftsstelle in Trossingen. Verschiedene Aspekte und Veränderungen führten 2003 zur Namensänderung von SIM zu indicamino.

Im spanisch klingenden Namen indicamino ist das Wort Wegweiser (indicador de camino) „versteckt". indicamino will Wegweiser zu Jesus Christus (Joh 14,6) sein.

Kinderheim Nethanja Narsapur / Christliche Mission Indien e.V. (KNN/CMI)

Anzahl der Mitarbeitenden in Deutschland	2
Anzahl der Mitarbeitenden im Ausland	800
Geographische Arbeitsschwerpunkte	Indien
Inhaltliche Schwerpunkte	Bildung, Benachteiligte, Medizin
Jährliches Budget	1,2 Mio. Euro
Wo schlägt Ihr Herz?	Kinder, Arme, Kranke, Evangelium für alle

Die Arbeit begann 1973 mit einem Kinderheim in Narsapur im südindischen Bundesstaat Andhra Pradesh. Im Laufe von nunmehr 40 Jahren kamen weitere Kinderheime, Kindertagesstätten, Schulen und Ausbildungsstätten dazu. Weitere Schwerpunkte sind medizinische Hilfen in einem Missionskrankenhaus, HIV-Zentrum, TBC-Klinik, Dorf-Ambulanzen sowie zahlreiche soziale Projekte wie Mikrokredite, Berufsausbildung besonders für Frauen und Dalits sowie ein Zentrum für geistig und körperlich behinderte Kinder.

Alle Projekte werden ausschließlich von indischen Mitarbeitenden durchgeführt und dienen den ärmsten Bevölkerungsschichten in Andhra Pradesh, Orissa und Madhya Pradesh. Unser Partner in Indien ist die Nethanjakirche, eine evangelische Freikirche, die Mitglied im Andhra Church Council sowie in der indischen Evangelischen Allianz ist.

 **Kindernothilfe (KNH)**

Anzahl der Mitarbeitenden in Deutschland	160
Anzahl der Mitarbeitenden im Ausland	–
Geographische Arbeitsschwerpunkte	Afrika, Asien, Lateinamerika und Osteuropa
Inhaltliche Schwerpunkte	Armutsbekämpfung und Umsetzung der Kinderrechte. Dabei orientieren wir uns in unserer Arbeit an der Kinderrechtskonvention der Vereinten Nationen (KRK).
Jährliches Budget	56,6 Mio. Euro
Wo schlägt Ihr Herz?	Kinder haben ein Recht auf Entwicklung in ganzheitlicher Weise. Wer Armut bekämpfen will, muss Kindern zu ihrem Recht verhelfen. Wir wollen das Selbstvertrauen der Kinder auf ihrem Weg in ein eigenständiges Leben stärken.

Die Kindernothilfe (KNH) wurde 1959 von Christinnen und Christen in Duisburg mit dem Ziel gegründet, Not leidenden indischen Kindern zu helfen. Im Laufe der Jahre ist sie zu einem der größten christlichen Kinderhilfswerke in Europa gewachsen. Heute fördert und erreicht die Kindernothilfe rund 1,8 Millionen Mädchen und Jungen in 799 Projekten in 29 Ländern in Afrika, Asien, Lateinamerika und Osteuropa.

Der Verein trägt sich zu über 90 Prozent durch seine rund 245 000 Paten und Spender. Als christliches Kinderhilfswerk ist die Kindernothilfe Mitglied im Diakonischen Werk und versteht ihre Arbeit als Teil der weltweiten ökumenischen Entwicklungszusammenarbeit.

Ziel allen Handelns ist es, aus der von Gott gegebenen Würde des Menschen und im Vertrauen auf seine Liebe Zeichen der Versöhnung zu setzen und eine Welt anzustreben, in der sich Kinder frei entfalten und mündig werden können.

Kinderwerk Lima (KWL)   ☨ Kinderwerk Lima
Chancen fürs Leben

Anzahl der Mitarbeitenden in Deutschland	5 in Heidenheim
Anzahl der Mitarbeitenden im Ausland	500 in Peru und Paraguay
Geographische Arbeitsschwerpunkte	Peru und Paraguay
Inhaltliche Schwerpunkte	–
Jährliches Budget	4 Mio. Euro
Wo schlägt Ihr Herz?	Unterstützung für Kinder

Das Kinderwerk Lima (KWL) ist ein freies, evangelisches Missionswerk. Es arbeitet eng mit der Evangelischen Landeskirche zusammen und wird finanziert durch Patenschaften und Spenden vieler Freunde, Kirchengemeinden, Gemeinschaften und Kinder- und Jugendgruppen.

Das Kinderwerk unterhält in Peru und Paraguay fünf Schulen für Kinder aus sozial benachteiligten Verhältnissen. Die Einrichtungen bieten Platz für 4400 Kinder. In den oberen Klassen erhalten die Jugendlichen eine Berufsausbildung in schuleigenen Werkstätten. In der peruanischen Hauptstadt Lima betreibt das Kinderwerk außerdem ein Kinderspeisungsprogramm für 8500 Kinder.

In einer von Korruption geprägten Gesellschaft möchten wir ein alternatives Lebensmodell anbieten, das vom christlichen Glauben und biblischen Werten geprägt ist. Andachten und Gottesdienste sind fester Bestandteil in Kindergarten und Schule. Sehr wichtig ist das persönliche Vorbild der Lehrer und Erzieher im Schulalltag. Viele Kinder und Eltern erfahren so von der Liebe Gottes und bekommen Orientierung für ihr Leben in Familie und Gesellschaft. An allen fünf Standorten sind durch die Schulen Kirchengemeinden entstanden. So versammeln sich in Lima mittlerweile sonntags über 2000 Besucher in mehreren Gottesdiensten hintereinander.

Lepra-Mission e.V.

Anzahl der Mitarbeitenden in Deutschland	1 Teilzeit
Anzahl der Mitarbeitenden im Ausland	1
Geographische Arbeitsschwerpunkte	Tschad, DR Kongo, Niger und Indien
Inhaltliche Schwerpunkte	Finanzielle Hilfe + konkrete Arbeit vor Ort
Jährliches Budget	100 000 – 180 000 Euro
Wo schlägt Ihr Herz?	Evangelium mitteilen, ganzheitliche Unterstützung

Lepra verursacht schwere körperliche Behinderungen, wenn sie nicht rechtzeitig behandelt wird. Leprakranke verlieren ihre Finger, ein Bein oder ihr Augenlicht. Hinzu kommen die sozialen und psychischen Folgen: Wird Lepra sichtbar, verlieren die Betroffenen ihre Arbeit, oft sogar ihre Familie und ihre Selbstachtung. Die Internationale Lepra-Mission (TLM) setzt deshalb alles daran, Leprakranke möglichst frühzeitig aufzufinden und kostenlos mit Medikamenten zu versorgen, bevor schwere Schädigungen eintreten. Aber oft wichtiger als die medizinische Versorgung und Schaffung der notwendigen Behandlungsmöglichkeiten ist die ganzheitliche Unterstützung. Leprabetroffene sollen wieder in die Gesellschaft integriert werden und ihre Selbstachtung und Autonomie zurückgewinnen. Dazu wurde in den letzten Jahren die gemeindenahe Rehabilitationsarbeit verstärkt ausgebaut, dies gilt auch für die Arbeit direkt in den Dörfern.

Die Lepra-Mission in Esslingen wurde 1958 gegründet. Wir sind Mitglied von TLM und unterstützen schwerpunktmäßig Projekte im Tschad, der DR Kongo, Niger und Indien.

Die Grundlage ist das Evangelium und das Bemühen in der Nachfolge Jesu. Unsere Herzen sind bei den von Lepra, Behinderungen und Armut betroffenen Menschen und ihren physischen wie seelischen Nöten, und wir versuchen durch Gebete, finanzielle Hilfe und die konkrete Arbeit vor Ort, ihre körperliche, soziale und geistliche Situation zu verbessern.

Licht im Osten (LIO)

Anzahl der Mitarbeitenden in Deutschland	22
Anzahl der Mitarbeitenden im Ausland	2 entsandte Mitarbeiter und 100 einheimische Missionare und Mitarbeiter der Partnerorganiationen
Geographische Arbeitsschwerpunkte	Russland, Osteuropa, Zentralasien
Inhaltliche Schwerpunkte	Christliche Literatur, einheimische Missionare, Arbeit unter Kindern, Radio, Internet, neue Medien, sozialdiakonische Projekte, humanitäre Hilfe
Jährliches Budget	ca. 2,9 Mio. Euro
Wo schlägt Ihr Herz?	In Zusammenarbeit mit unseren östlichen Partnern möchten wir den Menschen dort mit Wort und Tat die lebendige Hoffnung in Jesus Christus bringen.

LICHT IM OSTEN (LIO) ist ein Missionsbund zur Ausbreitung des Evangeliums. Er wurde 1920 gegründet und arbeitet mit zehn östlichen Partnerorganiationen in Russland, in der Ukraine, in Moldawien, Bulgarien, Rumänien, Estland, Litauen und Kasachstan zusammen und unterhält darüber hinaus weitere Projektpartnerschaften. Der Dienst umfasst vor allem die Verbreitung christlicher Literatur (Bibeln, die Zeitschriften GLAUBE UND LEBEN und TROPINKA für Kinder, Bücher zu geistlichen Themen und ermutigende Lebensberichte), Radiosendungen, christliche Webseiten und die Erstellung christlicher Inhalte für andere neue Medien, Dienst an Kindern (Kinderliteratur, Freizeiten, Kinderclubs), Gemeindegründungen sowie Hilfe für bedürftige Menschen durch humanitäre Hilfe und sozial-diakonische Projekte, z. B. unter Senioren und Blinden. Zu Weihnachten führt LIO jeweils die Aktion EIN PÄCKCHEN LIEBE SCHENKEN für bedürftige Kinder, Familien und Senioren im Osten durch. LIO beschäftigt wegen ihrer sprachlichen und kulturellen Herkunft vor allem einheimische Missionare. LIO ist unter anderem Mitglied des Diakonischen Werkes der Evangelischen Kirche in Württemberg.

Licht in Lateinamerika Deutschland e.V. (LIL)

Anzahl der Mitarbeitenden in Deutschland	–
Anzahl der Mitarbeitenden im Ausland	2 Langzeitmitarbeiter, 6 Kurzzeit-mitarbeiter
Geographische Arbeitsschwerpunkte	Costa Rica, Honduras, Nicaragua, Panama
Inhaltliche Schwerpunkte	Aus- und Fortbildung in den Fachrichtungen Landwirtschaft, Mechanik, Holzbearbeitung, Forstwirtschaft. Außerdem bieten wir spezielle Frauenkurse sowie allgemeinbildenden und biblischen Unterricht an.
Jährliches Budget	ca. 100 000 Euro
Wo schlägt Ihr Herz?	Wir wollen Indianern in ihren schwierigen Lebensverhältnissen und ihrer Identitätskrise ganzheitlich helfen. Dabei soll die Hilfe sie zur Selbsthilfe befähigen und das Licht des Evangeliums auch ihr Leben erhellen.

Licht in Lateinamerika (LIL) wurde 1989 als deutscher Zweig einer 1981 in der Schweiz begonnenen Arbeit gegründet. Wir sind ein kleines Missionswerk, das sich zum Ziel gesetzt hat, bedürftige Menschen indigenen Ursprungs in Lateinamerika ganzheitlich zu fördern. Dabei werden geistliche, materielle und soziale Aspekte gleichermaßen berücksichtigt. Alle Fördermaßnahmen richten sich dabei nach dem Prinzip „Hilfe zur Selbsthilfe". Entsprechend fokussieren sich die Aktivitäten neben der beruflichen Aus- und Weiterbildung auf die Initiierung und Umsetzung von Projekten zur Verbesserung der finanziellen Situation sowie die gezielte methodische und didaktische Förderung von Kursabgängern, um diese zu befähigen, ihr Wissen und ihre Erkenntnisse der Gemeinschaft der Ethnien zu vermitteln und so einen Multiplikatoreneffekt zu erzielen. Zur persönlichen und fachlichen Begleitung sowie zur Weiterentwicklung der Projekte reist unser Mitarbeiterteam direkt vor Ort in die Reservate.

Liebenzeller Mission (LM)

Anzahl der Mitarbeitenden in Deutschland	30
Anzahl der Mitarbeitenden im Ausland	rd. 230
Geographische Arbeitsschwerpunkte	weltweit
Inhaltliche Schwerpunkte	Gemeindegründungen und Aufbau. Dabei arbeitet die Liebenzeller Mission mit einheimischen Partnerkirchen und -organisationen zusammen, sozialmissionarische Projekte und Ausbildung einheimischer Pastoren.
Jährliches Budget	12,7 Mio. Euro
Wo schlägt Ihr Herz?	Es ist unser Wunsch, dass Menschen in aller Welt Hoffnung durch Jesus Christus bekommen.

Die Liebenzeller Mission (LM) ist ein freies Werk innerhalb der evangelischen Kirche. Als gemeinnützige Organisation ist sie unabhängig von Staat und Kirche. Sie arbeitet weltweit überkonfessionell. Ihre rund 230 Missionarinnen und Missionare geben in 23 Ländern der Erde Gottes Liebe weiter. Unter dem Motto „Mit Gott von Mensch zu Mensch" sind Mitarbeiterinnen und Mitarbeiter der Liebenzeller Mission seit mehr als 110 Jahren zu den Menschen unterwegs.

Humanitäre Hilfe ist wichtig, reicht aber allein nicht aus. Deshalb geben Liebenzeller Missionarinnen und Missionare weiter, dass Jesus Christus ein sinnvolles, hoffnungsvolles und ewiges Leben möglich macht.

Weil christlicher Glaube und praktische Hilfe zusammengehören, unterstützt die Liebenzeller Mission personell und finanziell medizinische, technische und soziale Projekte – zum Beispiel unter Aidsbetroffenen oder benachteiligten Kindern.

Neben der Arbeit im Ausland ist die Liebenzeller Mission auch im Inland aktiv. Im Osten Deutschlands sind Mitarbeiter in der missionarischen Gemeindearbeit eingesetzt. Außerdem bietet die Liebenzeller Mission vielfältige Programme mit Kongressen, Seminaren und Reisemöglichkeiten an.

Lutherischer Weltbund (LWB)

Anzahl der Mitarbeitenden in Deutschland	< 5
Anzahl der Mitarbeitenden im Ausland	> 2000
Geographische Arbeitsschwerpunkte	weltweit
Inhaltliche Schwerpunkte	Theologie + Dialoge, ganzheitl. Mission, Diakonie
Jährliches Budget	ca. 100 Mio. Euro
Wo schlägt Ihr Herz?	Für die Verbindung der Landeskirche zu der weltweiten Gemeinschaft des LWB

Der Lutherische Weltbund (LWB) ist die weltweite Kirchengemeinschaft von 142 lutherischen Kirchen mit über 70 Millionen Mitgliedern in 79 Ländern. Eine Kirche davon ist die Evangelische Landeskirche in Württemberg. In Deutschland sind die Mitgliedskirchen des LWB im Deutschen Nationalkomitee des Lutherischen Weltbundes (DNK/LWB) organisiert.

Der LWB fördert die Zusammenarbeit seiner Mitgliedskirchen untereinander, vertritt die lutherischen Kirchen in der weltweiten Ökumene sowie in interreligiösen Dialogen und handelt auf Gebieten gemeinsamen Interesses. Mit Programmen aus dem Bereich Mission und Entwicklung ist er selbst aktiv oder unterstützt die Mitgliedskirchen bei solchen Projekten.

Als Teil der diakonischen Arbeit des LWB ist die Abteilung für Weltdienst mit Nothilfe- und Entwicklungsprogrammen in mehr als 30 Ländern tätig. Insbesondere bei akuten Katastrophen oder Konflikten legt der LWB hier einen besonderen Fokus auf Flüchtlinge: Über 1,3 Millionen Vertriebene und Flüchtlinge betreut der LWB weltweit.

Missionarische Dienste (MD)

Anzahl der Mitarbeitenden in Deutschland	13 + 5
Anzahl der Mitarbeitenden im Ausland	–
Geographische Arbeitsschwerpunkte	Württemberg
Inhaltliche Schwerpunkte	–
Jährliches Budget	–
Wo schlägt Ihr Herz?	Menschen zum Glauben an Jesus Christus einzubinden, zu stärken und zu unterstützen

Das Amt für missionarische Dienste (MD) wurde im Jahr 1946 unter Leitung von Pfarrer Joachim Braun gegründet und ist für die missionarische Arbeit in unserer Kirche (früher: Volksmission) zuständig.

Heute bestehen die MD aus den beiden Fachbereichen Amt für missionarische Dienste und Kirche in Freizeit und Tourismus und gehören zum Evangelischen Bildungszentrum der Landeskirche im Haus Birkach.

13 Referentinnen und Referenten sowie 5 Verwaltungs- und Sekretariatsmitarbeiter/-innen teilen sich folgende Aufgaben:

Evangelisation (Zeltkirche), Projekt Wachsende Kirche, Bibel- und Gemeindewochen, Hauskreisarbeit, Beratung von Gemeinden in Fragen des Gemeindeaufbaus und Fortbildung von Pfarrer/-innen und Ehrenamtlichen, Glaubenskurse (vor allem Stufen des Lebens, Spur8, Taufkurs Eintauchen ins Leben), Projekt Neu anfangen, Seelsorge am Flughafen und auf der Landesmesse, Schulung von Besuchsdienstmitarbeitern, Missionarische Dienste im Hotel- und Gaststättengewerbe, Kirchliche Präsenz auf Messen, Radwege-Kirchen, Kirche im Grünen, Zweitgottesdienste, Senioreninitiative, Kirchenraum erzählt vom Glauben, Familienferiendörfer, Freizeiten, Einkehrtage

Es besteht eine intensive Zusammenarbeit mit Stift Urach, dem Einkehrhaus der Landeskirche. Die Arbeit der MD wird durch den Vertrauensrat und den Verein zur Förderung missionarischer Dienste begleitet.

Operation Mobilisation (OM)

Anzahl der Mitarbeitenden in Deutschland	85
Anzahl der Mitarbeitenden im Ausland	192
Geographische Arbeitsschwerpunkte	Europa, Lateinamerika, südliches Afrika, Nordafrika und Naher Osten, Zentralasien, Südostasien und Pazifik
Inhaltliche Schwerpunkte	Evangelisation, Entwicklungszusammenarbeit, Gemeindegründung, Menschenrechte, Training und Mentoring
Jährliches Budget	3,33 Mio. Euro
Wo schlägt Ihr Herz?	OM motiviert und rüstet Christen aus, Gottes Liebe an Menschen in der ganzen Welt weiterzugeben. OM hilft, christliche Gemeinden zu gründen und zu stärken, besonders dort, wo Jesus am wenigsten bekannt ist.

Operation Mobilisation (OM) setzt sich weltweit dafür ein, Leben zu verändern und Gesellschaft zu gestalten. Dabei haben die Mitarbeiter von OM eines gemeinsam – sie sind Christen und möchten, dass auch andere die Möglichkeit bekommen, Gottes Liebe zu erfahren und Hoffnung in Jesus Christus zu finden. Dies geschieht durch Training und Mentoring, Katastrophenhilfe und Entwicklungszusammenarbeit, dem Aufbau und der Unterstützung von christlichen Gemeinden sowie dem Einsatz für Menschenrechte.

OM hat weltweit über 3000 Mitarbeiter aus mehr als 100 Nationen, die in über 110 Ländern den Menschen dieser Welt Bildung, Hilfe und Hoffnung bringen. Dabei arbeiten die OM-Mitarbeiter mit Kirchen und christlichen Gemeinden zusammen. OM Deutschland ist der deutsche Zweig des internationalen Hilfs- und Missionswerks mit Sitz in Mosbach/Baden. Von dort aus werden die deutschen Mitarbeiter betreut. Weiter führen OM-Teams in Hamburg, Halle/Saale und Heilbronn in Partnerschaft mit Gemeinden sozial-missionarische Projekte durch, vor allem mit Kindern, Jugendlichen, Ausländern und Migranten.

Orientdienst (OD)

Anzahl der Mitarbeitenden in Deutschland	30
Anzahl der Mitarbeitenden im Ausland	–
Geographische Arbeitsschwerpunkte	Deutschland
Inhaltliche Schwerpunkte	Beratung und Schulung zum Thema Islam, Evangelisation, Gemeindeleben, Mehrarbeit
Jährliches Budget	565 500 Euro (2014)
Wo schlägt Ihr Herz?	Christen für die Begegnung mit Muslimen vorbereiten; Muslimen Jesus nahe bringen

Der Orientdienst (OD) wurde 1963 von Pfr. Willi Höpfner in Wiesbaden gegründet. Seit 2011 befindet sich die Geschäftsstelle in Dortmund. Aus einem kleinen Anfang ist im Lauf von 50 Jahren ein Werk gewachsen, mit Mitarbeitern in verschiedenen Städten Deutschlands. Die Zusammenarbeit mit Kirchen und Gemeinden vor Ort ist uns wichtig.

Persönliche Begegnungen mit Orientalen, Gespräche und Seelsorge sind ebenso Arbeitsbereiche wie Gemeindebau unter Migranten, türkische Familienkonferenzen und Angebote im Internet.

Einen weiteren Schwerpunkt unseres Dienstes sehen wir in der Information und Schulung der christlichen Gemeinden. Wir bieten Seminare und Workshops an, um Christen zur Begegnung und zum Glaubensgespräch mit Muslimen zu ermutigen. Dazu dient auch unsere Zeitschrift „Orientierung". Sie enthält fundierte Informationen über den Glauben und die Kultur der Muslime.

In Zusammenarbeit mit dem EAD in Dortmund haben wir eine reiche Auswahl an christlichen Schriften, Bibeln und digitalen Medien, die Sie bei uns bestellen können.

overseas training   Overseas Council Europe e.V. (OCE)

Anzahl der Mitarbeitenden in Deutschland	3 + 10 Ehrenamtliche
Anzahl der Mitarbeitenden im Ausland	ca. 80 einheimische theologische Lehrer
Geographische Arbeitsschwerpunkte	Afrika, Naher Osten
Inhaltliche Schwerpunkte	Ausbildung von Gemeindeleitern, Fortbildung und Beratung der Schulleitungen theologischer Ausbildungsstätten, Verbesserung der Lernbedingungen, Aus- und Fortbildungen von Lehrern
Jährliches Budget	ca. 300 000 Euro
Wo schlägt Ihr Herz?	Für einheimische Hoffnungsträger, die die Welt verändern

Overseas Council Europe e.V. (OCE) wurde 1994 aus der Überzeugung heraus gegründet, dass es die beste und nachhaltigste Form der Entwicklungshilfe ist, in zukünftige Gemeindeleiter zu investieren.

Vor 2000 Jahren hat Jesus etwa drei Jahre lang in seine zwölf Jünger investiert. Sie sahen, was er tat, und sie lernten von ihm. Als sie erkannten, wer er ist, und an ihn glaubten, veränderte das ihr Leben und sie wurden zu Hoffnungsträgern für andere. Das war der Anfang einer Bewegung, die innerhalb weniger Jahrzehnte die gesamte damalige Welt veränderte.

Diesem Beispiel folgt Overseas Council: Wir investieren in Hoffnungsträger in Afrika, Lateinamerika, Asien, Osteuropas und im Nahen Osten, indem wir ihnen eine praxisorientierte theologische Ausbildung ermöglichen.

Viele Christen in den Entwicklungs- und Schwellenländern leben ihren Glauben mit großer Hingabe. Immer mehr Menschen kommen zum Glauben an Jesus Christus, so dass die Gemeinden sehr schnell wachsen. Diese Gemeinden suchen gut geschulte Gemeindeleiter mit einer biblisch-theologischen Ausbildung.

OCE gehört zu einem Netzwerk, durch das 150 theologische Ausbildungsstätten in mehr als 60 Ländern mit derzeit etwa 58 000 Studenten unterstützt werden.

Pacific Mission Aviation (PMA)

Anzahl der Mitarbeitenden in Deutschland	1 Hauptamtlicher, viele ehrenamtliche
Anzahl der Mitarbeitenden im Ausland	ca. 60
Geographische Arbeitsschwerpunkte	Mikronesien, Pohnpei, Yap, Rep. Palau und Guam
Inhaltliche Schwerpunkte	Verkündigung des Evangeliums und medizinische Hilfe
Jährliches Budget	in Deutschland 250 000 – 300 000 Euro
Wo schlägt Ihr Herz?	Hilfe für die Menschen auf den abgelegenen Inseln

Hoffnung bringen, Leben verändern – unter dieser Überschrift steht die Arbeit der Pacific Mission Aviation (PMA) in Mikronesien und auf den Philippinen. Seit 1974 arbeitet die PMA mit eigenen Flugzeugen und Schiffen in der Südsee, um den Menschen Gottes Wort zu sagen und Hilfe zu leisten.

So werden durch den Flugdienst Rettungsflüge für Schwerkranke, Sucheinsätze bei vermissten Booten und andere Rettungseinsätze, Abwerfen von Lebensmitteln, Passagier-, Frachtflüge und vieles andere mehr durchgeführt.

Die „M/V Sea Haven", das Klinikboot der PMA, ist mit modernen medizinischen Geräten ausgestattet. In einem OP-Raum können kleinere chirurgische Eingriffe und vor allem Augenoperationen vorgenommen werden. Ebenso wird die Bevölkerung über richtige Ernährung informiert. Ein Röntgengerät hilft den medizinischen Fachkräften bei der Diagnose. Außerdem ist auch eine gut eingerichtete Zahnarztpraxis an Bord.

Wesentlicher Bestandteil der PMA-Arbeit sind Gemeindegründung und Gemeindeaufbau; Schwerpunkt dabei ist der Dienst an jungen Leuten. Auf den Philippinen unterhält die PMA außerdem ein Waisenhaus.

 **Sahel Life**

Anzahl der Mitarbeitenden in Deutschland	3 Vollzeit, 3 Teilzeit
Anzahl der Mitarbeitenden im Ausland	13 Langzeit, 12 Kurzzeit, 5 Duale Studenten
Geographische Arbeitsschwerpunkte	Kamerun, Tschad, Nigeria, Guinea
Inhaltliche Schwerpunkte	Sozialdiakonisches Handeln in den Bereichen Medizin, Straßen- und Waisenkinder, Schulbildung, theol. Ausbildung und Medien
Jährliches Budget	1,1 Mio. Euro
Wo schlägt Ihr Herz?	Ausbildung fördern, medizinische Hilfe leisten, Armut bekämpfen und Evangelium mitteilen

Die Wurzeln unserer Mission gehen auf den deutschen Pioniermissionar Dr. Karl Kumm zurück, der 1904 in England die Sudan United Mission gründete. In den folgenden Jahren entstanden verschiedene nationale Zweige. Die ersten deutschen Missionare reisten mit dem Schweizer Zweig aus. Im Jahre 1980 wurde die Vereinigte Kamerun- und Tschad-Mission e.V. (VKTM) gegründet, inzwischen SAHEL LIFE e.V. Sie war ein Zusammenschluss zweier Missionsgruppen, die schon vorher mit Schweizer Organisationen in den Ländern Tschad und Kamerun gearbeitet hatten.

Unsere Vision ist es, gemäß dem Missionsauftrag die Menschen in der Sahelzone für Jesus Christus zu gewinnen, Gemeinde Jesu zu gründen und sie im Wachstum zu begleiten. Um dieses Ziel zu erreichen, nutzen wir alle verfügbaren, uns von Gott anvertrauten Mittel und Möglichkeiten und arbeiten eng mit Partnermissionen und -kirchen zusammen, die diese Vision teilen. Evangelisation und sozialdiakonische Arbeit im weitesten Sinne sind die Basis für unser Handeln im Dienst an den Menschen der Sahelzone, an Bedürftigen, Ausgegrenzten und an unerreichten Volksgruppen. Dazu entsenden wir auch Fachkräfte als „Zeltmacher-Missionare" aller notwendigen Berufsgruppen.

Überseeische Missions-Gemeinschaft (ÜMG)

Anzahl der Mitarbeitenden in Deutschland	26 Mitarbeiter, 40 – 50 Gastdozenten
Anzahl der Mitarbeitenden im Ausland	400 Absolventen der Studienprogramme
Geographische Arbeitsschwerpunkte	weltweit
Inhaltliche Schwerpunkte	Mission, Bildungsverständnis
Jährliches Budget	rund 800 000 Euro
Wo schlägt Ihr Herz?	Begegnung mit Christinnen und Christen aus den Partnerkirchen

Die Überseeische Missions-Gemeinschaft (ÜMG) möchte Asiaten auf der Grundlage des biblischen Menschenbildes dienen, indem sie ihnen das Evangelium von Jesus Christus ganzheitlich bezeugt.

Dazu sind ca. 70 Mitarbeitende (Dozenten, Theologen, Ingenieure, Mediziner, u. a.) aus Deutschland nach Asien vermittelt. Weitere zehn arbeiten unter Asiaten in Europa.

Neben Möglichkeiten für Kurz- oder Langzeitmitarbeit in Asien ist auch ehrenamtliche Mitarbeit in Deutschland möglich.

Die ÜMG Deutschland ist Teil von OMF International und wurde 1865 vom englischen Arzt Hudson Taylor als China-Inland-Mission gegründet. Die ursprünglichen Werte wie z.B. die Anpassung der Mitarbeitenden an die Kultur des Gastlandes, Leitung vor Ort, einfacher Lebensstil, Gründung kulturell angepasster biblischer Gemeinden etc. prägen bis heute die Arbeit.

Die ÜMG verzichtet bewusst auf Spendenwerbung und erlebt, wie Gott die finanziellen Bedürfnisse von jährlich rund 1,5 Mio Euro deckt.

OMF International arbeitet mit ca. 1400 Mitarbeitenden aus aller Welt unter den über zwei Milliarden Menschen Ost- und Südostasiens.

Wir beten und arbeiten dafür, dass dynamische Gemeinden von Asiaten entstehen, die Jesus nachfolgen, ihn anbeten und das Evangelium in ihrer eigenen und in anderen Volksgruppen bekannt machen.

Weltweiter Einsatz für Christus (WEC)

Anzahl der Mitarbeitenden in Deutschland	46
Anzahl der Mitarbeitenden im Ausland	63 Langzeit
Geographische Arbeitsschwerpunkte	weltweit (alle Kontinente)
Inhaltliche Schwerpunkte	Evangelisation; soziale Projekte; Gemeindegründung; multikulturelle Teams; einfacher Lebensstil.
Jährliches Budget	2,5 Mio. Euro
Wo schlägt Ihr Herz?	Unerreichten Menschen das Evangelium bringen, Gemeinden zu gründen und Christen für weltweite Mission zu mobilisieren

Weltweiter Einsatz für Christus (WEC) ist ein weltweit arbeitendes Missionswerk, dessen Mitarbeiter verschiedenen evangelischen Kirchen und Freikirchen angehören.

Die Mission wurde 1913 von dem Engländer C. T. Studd, einem ehemaligen Spitzensportler und Millionär, und seiner Frau Priscilla gegründet. Die Arbeit begann im Kongo und breitete sich bald aus.

Heute arbeitet der WEC weltweit mit ca. 1800 Mitarbeitern aus etwa 50 Nationen in 70 Ländern. Mit seinen multikulturellen Teams will der WEC unerreichten Menschen das Evangelium nahebringen, Gemeinden gründen, tätige Nächstenliebe ausüben und für Mission mobilisieren. Das geschieht auf vielfältige Weise durch Evangelisation/Freundschaftsevangelisation, Jüngerschaftsschulung, medizinische Arbeit, Drogenrehabilitation und andere soziale Projekte, Medienarbeit, Schulung und Ausbildung, Bibelübersetzung u.a.

Jeder Mitarbeiter sollte die Grundwerte der Mission selbst leben: opferbereite Jüngerschaft, tätiger Glaube, geheiligtes Leben und lebendige Gemeinschaft.

Die deutsche Zentrale des WEC befindet sich in Eppstein bei Frankfurt. Das WEC Regionalbüro für Baden-Württemberg befindet sich in Stuttgart.

Württembergische Bibelgesellschaft (WBG)

Anzahl der Mitarbeitenden in Deutschland	3
Anzahl der Mitarbeitenden im Ausland	–
Geographische Arbeitsschwerpunkte	Württemberg
Inhaltliche Schwerpunkte	Förderung von Verbreitung und Verständnis der Bibel im Bereich der württembergischen Landeskirche
Jährliches Budget	17 500 Euro
Wo schlägt Ihr Herz?	Unser Herz schlägt dafür, die Bibel auf kreative und niedrigschwellige Art zu den Menschen zu bringen!

Die Württembergische Bibelgesellschaft (WBG) ist als eine besondere Abteilung organisatorisch in die Deutsche Bibelgesellschaft (DBG) eingebunden. Sie ist aus der 1812 in Stuttgart gegründeten „Privilegierten Württembergischen Bibelanstalt" hervorgegangen und erfüllt heute die Aufgaben einer regionalen Bibelgesellschaft. Sie fördert die Verbreitung der Bibel im Bereich der Württembergischen Landeskirche und bemüht sich darum, dass Menschen aller Schichten die Bibel kennen lernen und sich mit ihr auseinandersetzen können. Ein Beirat, dem Persönlichkeiten aus Kirche und Gesellschaft angehören, begleitet die Arbeit und berät über die inhaltlichen Schwerpunkte.

Zu den Arbeitsbereichen gehören: Präsentationen von Kinderbibeln bei den erziehenden Berufsgruppen, Fortbildungen zum Einsatz von Bibeln und biblischer Software an Schulen, Veranstaltungen und Vorträge zu Themen rund um die Bibel in Gemeinden, Organisation des Bibelpreises der Evangelischen Landeskirche in Württemberg, Büchertische in Kooperation mit ehrenamtlichen Bibelpartnern, Bibelspenden an Justizvollzugsanstalten und andere Einrichtungen, Unterstützung von Projekten der weltweiten Bibelverbreitung über die Aktion Weltbibelhilfe der Deutschen Bibelgesellschaft.

Wycliff

Anzahl der Mitarbeitenden in Deutschland	20
Anzahl der Mitarbeitenden im Ausland	147
Geographische Arbeitsschwerpunkte	Afrika
Inhaltliche Schwerpunkte	Wycliff setzt sich dafür ein, dass Menschen eine geeignete Schrift für ihre Sprache entwickeln können, eine theologische und sprachwissenschaftliche fundierte Bibelübersetzung bekommen und Schulunterricht in der Muttersprache erteilt wird.
Jährliches Budget	5 Mio. Euro
Wo schlägt Ihr Herz?	Wycliff Deutschland engagiert sich auch in Zukunft dafür, dass Menschen Gott kennen lernen, indem sie Zugang zur Bibel in ihrer Muttersprache bekommen.

Im Jahr 2013 haben 1967 Völker noch kein Wort der Bibel in ihrer Sprache. Das bedeutet: Millionen Menschen wissen nichts von dem Gott, der sie liebt.

Die gemeinnützige Organisation Wycliff Deutschland e.V. arbeitet mit 147 Mitarbeiterinnen und Mitarbeitern in über 35 Ländern. Geographischer Schwerpunkt ist Afrika. In Deutschland arbeiten 20 Mitarbeiterinnen und Mitarbeiter. Neben Übersetzern arbeiten bei Wycliff auch Sprachwissenschaftler und Lehrer, IT-Experten, Verwaltungsfachleute und viele andere Mitarbeiterinnen und Mitarbeiter.

Weil es noch so viele Volksgruppen ohne Bibel gibt, hat sich die weltweite Wycliff Organisation „Wycliffe Global Alliance" vor einigen Jahren ein großes Ziel gesetzt: Bis zum Jahr 2025 soll für jedes Volk, das noch keine Bibelübersetzung hat, ein Übersetzungsprojekt begonnen werden.

Zukunft der WAW

Missionstheologische Fragestellungen und „Baustellen"

Die WAW Mitgliedswerke haben trotz ihrer unterschiedlichen Schwerpunkte und Ausrichtungen gemeinsame missionstheologische Fragestellungen, die die Arbeitsgemeinschaft in den kommenden Jahren in besonderer Weise beschäftigen werden. Diese Themenschwerpunkte stellen sich für die WAW trotz ihrer unterschiedlichen Arbeitsgebiete als „Baustellen" mit ähnlichen oder gar identischen Herausforderungen dar. Bei diesen „Baustellen" geht es weniger um „richtige" oder „falsche Positionen", wohl aber um kontroverse Fragen, Konfliktlinien und Dilemmata, die ein redliches und ehrliches Ringen um Antworten erfordern – in der Spannung zwischen doppelten Versuchungen:
- Beliebigkeit oder Verengung;
- Relativierung oder Abstrahierung;
- Suche nach Sicherheit durch Abgrenzung oder Identitätsverlust.

Vielfältige Erfahrung lehrt, dass dort, wo in der Nachfolge Jesu Begegnung stattfindet, wo Menschen sich sensibel und respektvoll auf andere Lebenswelten einlassen, theologische Prägungen zurücktreten hinter existenziellen Lern- und Transformationsprozessen.

Alle offenen Fragen führen ins Zentrum des Glaubens und der christlichen Existenz.

- *Das Spannungsfeld soteriologischer Verheißung und Herausforderung – Rettung und Befreiung durch Jesus Christus, Reich Gottes und Eschatologie:*

- Was heißt „Rettung des Verlorenen": Spannung zwischen forensischem (Gericht) und/oder existenziellem (compassion) Verständnis (vgl. das biblische Bild von den verlorenen Schafen ohne Hirten)?
- Was heißt „eschatologische Erwartung" (Endzeit, messianische Hoffnungen): zwischen drängendem Erfolgszwang und/oder heiterer Gelassenheit?
- Was heißt „Reich Gottes": zwischen unverfügbarer Transparenz und/oder Zeichen des Anbruchs jetzt, zwischen Hoffnung und Befreiungserfahrungen, zwischen Befähigung zum Handeln und Lähmung durch Überforderung?

- *Das Spannungsfeld biblischer und kultureller Hermeneutik*
- Beobachtung: Konfliktlinien weltweit liegen heute im Verständnis von Dämonen (deliverance ministries), von Heil und Heilung, von Segnung durch Wohlstand, von Menschenrechten und Menschenwürde, von ethischen Fragen wie z. B. Homosexualität, von Frauenordination etc.
- Was sind universale Werte im Licht der biblischen Botschaft in kultureller Vielfalt (vgl. die weltweite Debatte um die Interpretation von Menschenrechten)?
- Verstehen wir gegenseitig, wovon wir sprechen, oder verwenden wir dieselben Worte und meinen Verschiedenes? Die öffentliche Weitergabe des Evangeliums setzt eine doppelte hermeneutische Bemühung voraus: das Verstehen des Textes und das Verstehen der Kontexte, in denen christliches Zeugnis geschieht!
- Wie begegnen wir der biblischen Botschaft als „heiligen Texten"

(Gottes Wort), gebunden an kontextuell geprägte Sprach-, Denk-, Ausdrucks- und Deutungsmuster?

- *Das Spannungsfeld von Zeugnis und Evangelisation, Proselytismus und Konversion*
  (vgl. das Dokument „Christliches Zeugnis in einer multireligiösen Welt" und die Studie „erwachsen glauben lernen" in Deutschland)
  – Welche Maßstäbe und Leitlinien gelten für christliches Zeugnis in der Spannung zwischen glaubwürdiger, authentischer Einladung zum Glauben und bedrängendem Druck?
  – Ist Evangelisation machbar in Subjekt-Objekt-Modellen (Sender-Empfänger-Paradigma)? Was setzt gelingende Kommunizierung des Evangeliums voraus?
  – Wie geschehen Konversionen? Welche Rolle spielen Wege, Prozesse, Ereignisse, Markssteine, freundschaftliche Begleitung, Gemeinschaft? Was ist gestaltbar, was bleibt unverfügbar, Wirken des Heiligen Geistes? Wo geht es ums Handeln, wo ums Wahrnehmen?

- *Das Spannungsfeld von Wahrheit und Pluralität*
  – Wie können wir von „Wahrheit" in den Grenzen und Möglichkeiten menschlicher Kommunikation reden? Die „Wahrheit" zu bezeugen, setzt das „Wunder der Übersetzbarkeit" (S. Escobar) voraus, bleibt immer uneindeutig. Taten sprechen oft stärker als Worte. Wo liegt die Grenze zur postmodernen „Relativierung" („anything goes")?

– In (nahezu) allen Sprachen und Kulturen ist „Wahrheit" eng verwandt mit „Verlässlichkeit" und „Treue", schafft Beziehung und Vertrauen (relationaler Wahrheitsbegriff). Das Bild der Trinität versteht Gott in Beziehung. Ist Wahrheit objektivierbar, abstrahierbar in Sätzen zu fassen (essentialistischer Wahrheitsbegriff)? Wie wird Wahrheit „glaub-würdig"?

– Wahrheit ist immer persönlich: Wie bringen wir zur Sprache, was uns kostbar ist (das biblische Bild vom „Schatz in irdenen Gefäßen")?

– Die Wahrheitsfrage ist unlösbar mit der Gottesfrage verknüpft: Was „wissen" wir über Gott? Bleibt Gott immer auch Geheimnis? Wo müssen wir differenzieren zwischen unseren Wahrheitsansprüchen und der Wahrheit, die zu uns spricht?

• *Das Spannungsfeld von guter Nachbarschaft und von einladendem Zeugnis in interreligiösen Beziehungen*

– Wie können wir Begegnung und Zusammenleben in Achtung und Respekt verbinden mit transparentem und ehrlichem Zeugnis? Wie können wir Differenzerfahrungen ernst nehmen und aushalten und nicht bei der Toleranz („Duldung", meist durch die Mehrheitsgesellschaft) stehen bleiben?

– Wo müssen wir, ohne zu trennen, unterscheiden zwischen „Mission" und „Dialog", z. B. wenn es um die Wahrnehmung gemeinsamer Verantwortung geht (Frieden und Versöhnung, Demokratie, Überwindung von Armut)?

- *Das Spannungsfeld von Inkulturation, Kulturkritik und Synkretismus*
- Christlicher Glaube und christliches Zeugnis gewinnen immer Gestalt in sprachlich-kultureller Kontextualität: „Übersetzung bedeutet Inkulturation". Wo endet die Inkulturation und wo beginnt der Synkretismus (als wertender, polemischer Begriff)? Ist christlicher Glaube immer auch „synkretistisch"?
- Evangelium und Kultur stehen immer in einem dialektischen Verhältnis: Wo setzt das Evangelium kritische Maßstäbe? Wo werden kulturalistische Argumente instrumentalisiert (z. B. in der Debatte um WSK-Rechte)?
- Trägt Luthers Kriterium „was Christum treibet" in den aktuellen Streitfragen?

- *Das Spannungsfeld von Eintreten für Gerechtigkeit und missionarischen Marktstrategien in einer globalisierten Welt*
- Wie verbinden wir das prophetische Zeugnis einer „verwundbaren Mission" mit dem Ziel des Gemeinde- und Kirchenwachstums? Wo verbindet sich beides (z. B. im Zeugnis leidender Gemeinden)? Wo geraten Missionsstrategien zum religiösen Business?
- Wie verbinden wir die Parteinahme für Arme, Schwache, Ausgeschlossene in gesellschaftlichem, solidarischem Handeln, auch im Zusammenwirken mit zivilgesellschaftlichen Kräften, mit der Zuwendung zum einzelnen Menschen? Wie verbinden wir „Kontemplation und Kampf" (Taizé)? Wie nehmen wir die Ganzheit spiritueller und materieller Bedürftigkeit wahr?

Wo ist „Wachstum" Zeichen von gelebtem, glaubwürdigem, ansteckendem Zeugnis? Wo geschieht eine Fetischisierung von statistischem Wachstum (vgl. dazu die biblischen Bilder vom Wachsen, vom Staunen, vom Frucht bringen)?

- *Das Spannungsfeld von Kirche und Welt, von Identität und Offenheit, von einladender und ausschließender Gemeinschaft*
  Wie können wir Kirche sein in der Welt, aber nicht von der Welt? Wie wirkt Gott durch die Kirche in die Welt? Wir wirkt Gott durch die Welt in die Kirche? (vgl. die biblischen Bilder vom Salz der Erde und vom Licht der Welt)
  – Wo stehen wir in der Gefahr, zur Insider-Nischenkirche zu werden, wo ununterscheidbar zu werden? Wie nehmen wir unseren öffentlichen Auftrag wahr?
  – Wie gelingt „versöhnte Vielfalt" gerade dort, wo Vielfalt fremd oder sogar bedrohlich wirkt? Wo liegen Grenzen der Vielfalt (Frage des status confessionis)?

Der reiche Erfahrungsschatz in den WAW-Mitgliedswerken eröffnet die kostbare Möglichkeit, diesen Fragen theologisch reflektiert und praxisorientiert nachzugehen. Möge Gott dazu seinen Segen geben, und möge Gottes Geist die Gemeinschaft der WAW als bescheidenes Instrument gebrauchen, damit das Evangelium von Jesus Christus „aller Welt Enden", das heißt an jedem Ort, bekannt gemacht wird.

Pfr. i. R. Bernhard Dinkelaker
Ehemaliger WAW Vorsitzender

Der zukünftige Auftrag der WAW – Gesandtsein wie Christus

Mission ist eine Lebensäußerung der Kirche, die Gottes Liebe bis an die Enden der Welt sichtbar macht. Wir sind Teil der Mission Gottes in dieser Welt, die so unvergleichlich sichtbar wurde, als Jesus über diese Erde ging. Innerhalb der württembergischen Landeskirche möchte die WAW auch weiterhin einen Beitrag dazu leisten, dieser Mission nachzukommen. Jeder der vier Evangelisten hat am Ende der Berichte über das Leben Jesu einen klaren Auftrag formuliert, einen Auftrag, der die Gemeinde Jesu in Bewegung bringt (Mt 28, 18-20; Mk 16,15; Lk 24,48; Joh 20,21). Nicht in menschlicher, sondern in Gottes Kraft (Apg 1,8), machen sich die Gesandten Jesu als Zeugen auf den Weg. Die Apostelgeschichte zeigt, wie aus zaghaften Jüngern, die „sich im Obergemach" (Apg 1,13) verbarrikadiert hatten, mutige Bekenner wurden, die Stellung bezogen und ins Zeitgeschehen eingriffen. Ob es der Gelähmte an der Tempeltür war (Apg 3), den sie nicht übersahen, die Witwen, die vergessen wurden und Zuwendung brauchten oder auch die Herausforderung in den neuen Gemeinden, gemeinschaftliches Leben zu gestalten (Apg 2,42 / Apg 5) – die Gesandten Jesu hatten ihre Mission. Die christliche Gemeinde wuchs, litt und lebte mitten in ihrer Zeit und prägte ihr Umfeld über Kulturgrenzen hinweg (Apg 8, 27ff).

„Wie mich der Vater gesandt hat, so sende ich euch", so einfach fasst der Evangelist Johannes den Auftrag zusammen, den er seiner Kirche mit auf den Weg gibt. Wie dieser weltweite Auftrag unter den heutigen Gegebenheiten konkret aussieht, hat jede Generation neu zu erarbeiten. Diesen *Auftrag nach Außen* – immer wieder aufs Neue unter die Lupe zu nehmen, um zu schauen, was „dran" ist – möchte die WAW auch in Zukunft wahrnehmen. In den ersten 50 Jahren der Geschichte der WAW hat sich das Verständnis über das Gesandtsein wie Christus und die Bedeutung, wie wir diese Sendung als Kirche und Missionsgesellschaften leben können, in vielfacher Weise gewandelt. Die Welt im 21. Jahrhundert ist sehr komplex geworden. Die Globalisierung hat vieles verändert. Die Schere von arm und reich ist längst nicht mehr eine Frage von Norden und Süden, sondern findet sich überall und in jeder Gesellschaft wieder. Die Konfrontation der Religionen scheint sich an mancher Stelle zuzuspitzen und noch nie gab es so viele Menschen, die um ihres Glaubens willen unter Druck geraten sind und leiden. Bürgerkriege und Konflikte bestimmen das Bild an vielen Stellen dieser Welt und der Strom der Flüchtlinge und „internally displaced people" wird immer größer.

Daneben wird unsere Gesellschaft in Deutschland bunter: ob Flüchtlinge oder Asylempfänger, Fachpersonal oder ausländische Studierende – Menschen mit einem Migrationshintergrund machen fast 20 % der Bevölkerung Europas aus und sind ein wichtiger Teil unserer Gesellschaft. Sie bereichern uns in ihrer kulturellen und religiösen Vielfalt. Während viele Kirchen in Europa immer leerer werden, sind sie in anderen Teilen der Welt voll und wachsen. Und so ist es nicht verwunderlich, dass sich heute Missionar/innen aus Afrika, Asien und Lateinamerika nach Europa aufmachen, um uns an das Evangelium zu erinnern, das wir ihnen vor zwei bis drei Jahrhunderten zum ersten Mal gebracht haben.

Wie sieht das christliche Zeugnis in einer so komplexen Welt aus und welche Aufgaben hat die Mission heute in den Blick zu nehmen? Dieser Frage will sich die WAW in den kommenden Jahren vermehrt stellen und für die einzelnen Missionswerke und Kirchengemeinden einen Raum schaffen, in dem konstruktive und vielleicht manchmal auch kontroverse Diskurse geführt werden können. Es ist der Wunsch der WAW, dass diese Dialoge – auch dann, wenn es viel Zeit und Kraft kostet – zu gemeinsamen Antworten führen. Dabei ist es wichtig, dass wir unsere Diskurse nicht alleine reflektieren und diskutieren, sondern vermehrt auch gezielt unsere Partnerkirchen vor Ort mit einbeziehen und nach gemeinsamen Antworten suchen. Die jungen Kirchen aus dem globalen Süden wollen wir gezielt in die Mission Gottes integrieren. Dabei wollen wir auch vermehrt das Missionsland Deutschland in Blick nehmen und unsere Partner aus dem Ausland um Mitarbeit bitten.

Die WAW schafft diesen geschützten Raum der Reflektion und des durchaus auch kontroversen Diskurses durch regelmäßig stattfindende missionstheologische Tagungen und Seminare. Damit hat die WAW auch einen klaren *Auftrag nach innen,* nämlich Missionen, Missionswerken und ihren weltweiten Partnern eine Plattform zu bieten, wo missionstheologische Fragen, wie sie in dieser Festschrift schon genannt sind, inhaltlich diskutiert werden müssen. So manche thematische „Baustelle" ist uns bekannt (siehe vorhergehendes Kapitel). Indem alle unsere Mitgliedswerke in die Arbeit an diesen Baustellen miteinbezogen werden, hoffen wir, dass trotz aller unterschiedlichen Ansätze und Methoden die Einheit in unserer Arbeitsgemeinschaft weiter ausgebaut werden kann und gemeinsame Stellungnahmen erarbeitet werden können. Die WAW will ein gemeinsames Profil entwickeln, das auch Menschen aus einem säkularen Umfeld anspricht. Darüber hinaus will die WAW zukünftig vermehrt zu aktuellen Fragen eine gemeinsame Stellung beziehen. Was bedeutet Mission angesichts der zunehmenden Armut? Oder was sagen wir als WAW zu gesellschaftsrelevanten Themen wie Migration und Menschenrechten? Als WAW wollen wir nach wie vor die Vielfalt der Mitgliedswerke respektieren, jedoch eine gemeinsame Sprache entwickeln, die auch von einer säkularisierten Gesellschaft verstanden werden kann, sie abholt und in die Thematik mit hineinnimmt. Wir wollen uns auch schwierigen Fragen stellen und gemeinsam um Antworten ringen. Wenn es um die Würde des Menschen geht, ob für Menschen mit Behinderungen, Menschen mit HIV/Aids oder einer anderen sexuellen Orientierung, dann wollen wir nicht schweigen. Auch in schwierigen Fragestellungen muss Mission und Kirche dialogfähig werden, ohne dabei ihr „Proprium" des Gesandtseins wie Christus aufzugeben. In Demut und Respekt wollen wir mit Menschen anderer Religion und kulturellen Anschauungen ins Gespräch kommen und sie einladen.

Die WAW hat in den vergangenen Jahren die deutsche Missionslandschaft und auch viele Kirchengemeinden in Württemberg geprägt und weltmissionarisch in Bewegung gebracht. Das Gravitationszentrum der Weltchristenheit hat sich in den letzten Jahrzehnten aber nach Süden und Osten verlagert. Darum muss es zukünftig vermehrt darum gehen, dass wir unsere Partnerkirchen in ehemaligen „Missionsgebieten" in unsere Arbeit einbinden, zuhören und gemeinsam Positionen entwickeln und voneinander lernen.

Für solche Foren, ob virtuell oder real, wünschen wir uns Raum und Zeit in der zukünftigen Arbeit der WAW.

Das jährlich stattfindende Landesmissionsfest, das in Zusammenarbeit mit der württembergischen Landeskirche, den jeweiligen Dekanaten und der WAW ausgerichtet wird, ist ein fester Angelpunkt im kirchlichen Kalender der württembergischen Landeskirche. Auf diesem Fest hat ein breites Forum die Möglichkeit, Missionen und ihre Werke kennenzulernen und sich mit aktuellen Fragen intensiv zu beschäftigen. Das LMF hat eine langjährige Tradition, muss sich aber in Zukunft auch neue Wege überlegen, um vermehrt jungen Menschen und Gemeinden ohne Bezug zur Weltmission einen Zugang zur weltweiten Kirche schaffen zu können.

Da wir in einer immer stärker säkularisierten Gesellschaft leben, werden wir uns zukünftig vermehrt die Frage stellen, wie die WAW Menschen, die heute nicht mehr in eine Kirche gehen oder den Weg in ein Landesmissionsfest nicht finden, abholen und sie in den Diskurs zu Fragen des Glaubens einladen kann. Dabei wird es wichtig sein, solche Begegnungen authentisch zu gestalten und relevant für die jeweilige Lebenssituation zu machen.

Daneben sollte die WAW auch versuchen, gemeinsame Positionen zu entwickeln, die sie gegenüber Kirche, Öffentlichkeit und Politik vertreten kann. In unserer Zeit, wo Fragen über Armut, Religionsfreiheit, Lebensräume für Minderheiten, Flüchtlinge etc., oder auch Fragen von Glaube und Heilung in den Medien auf der Tagesordnung stehen, sollte die WAW als eine gemeinsame Stimme auftreten. Wegen ihrer großen Bandbreite und personellen Vielfalt ist die WAW in der Lage, Themengebiete aufzugreifen und Veröffentlichungen zu erarbeiten, die den Einzelwerken so nicht möglich sind. Die Ausweitung der Öffentlichkeitsarbeit wird uns deshalb in Zukunft weiter beschäftigen.

Last but not least legen wir als Arbeitsgemeinschaft innerhalb der Kirchenleitung der württembergischen Landeskirche weiterhin großen Wert darauf, dass unsere Arbeit in Absprache mit dem Oberkirchenrat getan wird. Wir danken der württembergischen Landeskirche für ihre vielfältige Unterstützung in den letzten 50 Jahren und freuen uns darauf, die anvisierten Aufgaben gemeinsam zu bewerkstelligen.

Dr. Gisela Schneider
WAW-Vorsitzende

In dieser Reihe erschienen

Reformation wagen

Impulse zu Reformation und Politik

Herausgegeben von Oliver Hoesch

Die Reformation hat in allen Lebensbereichen Spuren hinterlassen und weltweit das gesellschaftliche Leben geprägt. Wie stark ist diese Prägung heute? Gibt es neuen Reformationsbedarf? Welche konkreten Ansätze sehen wir?

Die in diesem Band gesammelten Antworten von engagierten Personen aus Kirche, Politik, Wissenschaft und Kultur zeigen, welche Bedeutung Martin Luther und die Reformation in ihrem Leben haben, und sie entwickeln einen bunten Strauß unterschiedlicher und individueller, manchmal auch kritischer Impulse für unsere Zeit.

Erhältlich im Buchhandel.

ISBN 978-3-945369-09-8

GERECHTIGKEIT MACHT FRIEDEN

Ein Beitrag zum Pilgerweg der Gerechtigkeit und des Friedens im Themenjahr „Reformation und Politik"

Herausgegeben von Heike Bosien, Klaus-Peter Koch, Eberhard Müller und Martin Seitz

Seit in jüngster Zeit bewaffnete Konflikte wieder als politische Option betrachtet zu werden scheinen, wird es umso dringlicher, das Streben nach Frieden und die Suche nach Schalom in den Blick zu bekommen. Wenn „Frieden" nicht eine weltferne Utopie bleiben soll, braucht er eine solide Basis. Aufbauend auf der Zukunftskonferenz im November 2014 mit dem Thema GERECHTIGKEIT MACHT FRIEDEN durchzieht dieses Streben den vorliegenden Band.

Erhältlich im Buchhandel.

ISBN 978-3-945369-26-5